Christian Immler

Schnelleinstieg
Raspberry Pi

Christian Immler

SCHNELLEINSTIEG
RASPBERRY PI

RANZIS

Bibliografische Information der Deutschen Bibliothek

Die Deutsche Bibliothek verzeichnet diese Publikation in der Deutschen Nationalbibliografie; detaillierte Daten sind im Internet über http://dnb.ddb.de abrufbar.

© 2013 Franzis Verlag GmbH, 85540 Haar bei München

Programmleitung: Markus Stäuble
Lektorat: Ulrich Dorn
Satz: DTP-Satz A. Kugge, München
art & design: www.ideehoch2.de
Druck: CPI-Books
Printed in Germany

ISBN 978-3-645-60280-8

Vorwort

When six of us founded the Raspberry Pi Foundation in 2008, we could hardly have imagined the scale of interest that we would see from engineers, educators and ordinary people around the world. Having planned to produce no more than 10,000 devices for the UK education sector, we find ourselves, 15 months after launch shipping this many devices every 2-3 days. While a majority of the 100,000 orders we took on launch day were from UK customers, the US is now our largest global market, followed closely by Germany.

Our core focus at the Foundation remains education; using profits from the sale of devices, and with the help of a $1m grant from Google in January 2013, we have been rolling out Raspberry Pi kits to schoolchildren throughout the UK, developing teaching material and encouraging the Government to invest in teacher training. But it is the response of the maker/hacker community (to whom we sometimes refer as »children of all ages«) who have been the greatest surprise for us. From high-altitude balloons to garage door openers, from wildlife cameras to remote-control boats, our challenge during our second year on the market is to connect the wave of enthusiasm and creativity that Raspberry Pi has unleashed with our target audience of children. We want to show them that learning about computing and electronics can be not just educational, and a great career move, but also fantastic fun.

The internet offers today's children resources and learning opportunities which weren't available to previous generations, but printed books are a vital part of the ecosystem and the principal source of professionally produced content. We're delighted to see a new German-language title enter the market, and look forward to seeing what new projects it inspires you to create using the Raspberry Pi.

Eben Upton, Erfinder des Raspberry Pi, Juni 2013.

Inhaltsverzeichnis

1 Kleiner Computer ganz groß

Kaum ein elektronisches Gerät in seiner Preisklasse hat in den letzten Monaten so viel von sich reden gemacht wie der Raspberry Pi. Der Raspberry Pi ist – auch wenn es auf den ersten Blick gar nicht so aussieht – ein vollwertiger Computer, etwa in der Größe einer Kreditkarte und vor allem zu einem sehr günstigen Preis. Nicht nur die Hardware ist günstig, die Software noch mehr. Das Betriebssystem und alle im Alltag notwendigen Anwendungen werden kostenlos zum Download angeboten.

Der Name
Raspberry ist das englische Wort für Himbeere. Schon früher wurden Computer nach Früchten benannt, wie z. B. Apple, Apricot, Blackberry. *Pi* steht für Python Interpreter, die wichtigste Programmiersprache auf dem Raspberry Pi. Zusammen ergibt sich ein Name, der mit dem englischen Wort für Himbeerkuchen, *raspberry pie,* phonetisch identisch ist.

Bild 1.1: Die Webseite *rastrack.co.uk* zeigt eindrucksvoll, wie viele Raspberry Pis auf der ganzen Welt im Einsatz sind. Der Schwerpunkt liegt natürlich, wie zu erwarten, in Großbritannien, der Heimat des Raspberry Pi.

1.1   Eine Himbeere verzückt die Maker-Szene

Mit dem speziell angepassten Linux mit grafischer Oberfläche ist der Raspberry Pi ein stromsparender, lautloser PC-Ersatz. Seine frei programmierbare GPIO-Schnittstelle macht den Raspberry Pi besonders interessant für Hardwarebastler und die neue Maker-Szene.

Bild 1.2:
Der Raspberry Pi und seine
Hardwareanschlüsse.

Der Raspberry Pi läuft mit einem 700-MHz-ARM-Prozessor und einer Video-Core-IV-GPU. Die Leistungsfähigkeit der CPU ist mit einem 300-MHz-Pentium-II vergleichbar, der für einen Office-PC jahrelang völlig ausreichte. Die Grafikleistung entspricht etwa der Xbox 1 und liefert HDMI-Qualität beim Abspielen von Videos. Somit eignet sich ein Raspberry Pi durchaus auch als Media-Center im Wohnzimmer.

Als die britische Stiftung *Raspberry Pi Foundation* im Mai 2011 den ersten Raspberry Pi der Presse vorstellte, war das eigentliche Ziel, Schülern mehr Interesse am Programmieren und an elektronischen Basteleien zu vermitteln. Die Entwickler hatten damals für diese Zielgruppe an weltweite Verkaufszahlen um 1.000 Stück gedacht. Nachdem ein vom britischen Fernsehsender BBC gedrehtes Video zur Vorstellung des Raspberry Pi auf YouTube 600.000 mal angesehen wurde (*youtu.be/ pQ7N4rycsy4*), erhöhten die Entwickler spontan die Erstauflage des Modells B auf 10.000 Stück.

Beim Verkaufsstart im Februar 2012 wurden jedoch am ersten Tag bereits 100.000 Stück bestellt, sodass es zu erheblichen Lieferengpässen kam. Daraufhin schloss die Raspberry Pi Foundation Verträge mit den großen britischen Elektronikdistributoren Premier Farnell und RS Components, die Herstellung und Vertrieb der Geräte übernahmen. Inzwischen sind über 1.000.000 Geräte vom Typ Modell B verkauft, der im Herbst 2012 auf die Version Rev. 2 aktualisiert wurde. Ein noch preisgünstigeres Modell A ohne Netzwerkanschluss und mit deutlich geringerem Stromverbrauch erschien im Februar 2013.

Bild 1.3: Links: neue (Rev. 2), rechts: ältere Version (Rev. 1) des Raspberry Pi Modell B (auf älteren Platinen fehlen die beiden auffälligen Schraublöcher sowie die beiden Lötösen für den Reset-Schalter links oberhalb des HDMI-Anschlusses).

1.2 Das Betriebssystem auf dem Raspberry Pi

Linux ist ein freies Betriebssystem auf Basis des früheren Großrechner-Betriebssystems Unix. Es wurde ursprünglich für die Intel-x86-Plattform entwickelt, inzwischen gibt es aber auch Varianten für andere Systeme. Der Name Linux ist abgeleitet von Linus Torvalds, einem finnischen Programmierer, der den ersten freien Unix-Kernel veröffentlichte und damit den Grundstein für das heutige Linux legte. Verschiedene Linux-Varianten wurden speziell für den Raspberry Pi angepasst. Die Raspberry-Pi-Stiftung empfiehlt Raspbian, das auf dem bekannten Debian-Linux basiert und eigens für die Hardware des Raspberry Pi optimiert wurde. Dieses Betriebssystem unterstützt sämtliche Hardwarekomponenten des Raspberry Pi optimal.

Für jeden Zweck das passende Linux
Das Betriebssystem wird auf einer Speicherkarte installiert, die sich leicht
wechseln lässt. So kann man je nach Einsatzzweck den Raspberry Pi mit
einem speziellen Betriebssystem booten. Neben dem klassischen Raspbian gibt es unter anderem die Multimedia-Distribution Raspbmc oder
das Spiele-Linux ChameleonPi.

1.3   Das unterscheidet Modell A von Modell B

Die Entwickler haben den Raspberry Pi in zwei Versionen erschaffen. In diesem
Buch und auch sonst fast immer, wenn der Raspberry Pi erwähnt wird, geht es um
das Modell B. Das Modell A ist erst seit Frühjahr 2013 lieferbar und unterscheidet
sich vom Modell B im Wesentlichen darin, dass es nur einen USB-Anschluss hat
und der Netzwerkanschluss fehlt. Außerdem verfügt Modell A nur über 256 MB
RAM. Diese Einschränkungen tragen dazu bei, dass diese Version nur ein Drittel
des Stroms benötigt und sich so auch gut mit Batterien betreiben lässt.

Bild 1.4: Links: Modell A, rechts: Modell B (Rev. 2).

Die ersten Geräte der Rev. 1 vom Modell B wurden nur mit 256 MB RAM ausgeliefert. Wie viel Speicher ein Raspberry Pi hat, ist auch ohne Einschalten an einem
Aufdruck auf der CPU, dem quadratischen Chip in der Mitte, zu erkennen.

Bild 1.5: Achten Sie auf die Zahl *2G* oder *4G* in der Chipbezeichnung.

1.4 Falten Sie sich Ihr Gehäuse einfach selbst

Der Raspberry Pi wird als einzelne Elektronikplatine mit offen liegenden Kontakten und Bauteilen geliefert, was einerseits ziemlich cool aussieht, andererseits aber die Gefahr von Kurzschlüssen durch Berührung mit herumliegenden Metallteilen birgt.

Ein Gehäuse schützt die Platine, muss aber die Anschlüsse, die an allen vier Seiten liegen, weiterhin benutzbar halten. Diverse Firmen bieten unterschiedlichste Gehäuseformen an, teilweise aus Acryl, um die Platine wie auch die LEDs weiterhin zu sehen. Links zu verschiedenen Gehäuseherstellern finden Sie in unserem Linkverzeichnis unter: *www.softwarehandbuch.de/raspberry-pi.*

Besonders kostengünstig bauen Sie sich eine Faltschachtel aus einer stärkeren Plastikfolie oder auch Karton selbst zusammen. Die Vorlage gibt es hier zum Download: *squareitround.co.uk/Resources/Punnet_net_Alpha3.pdf.*

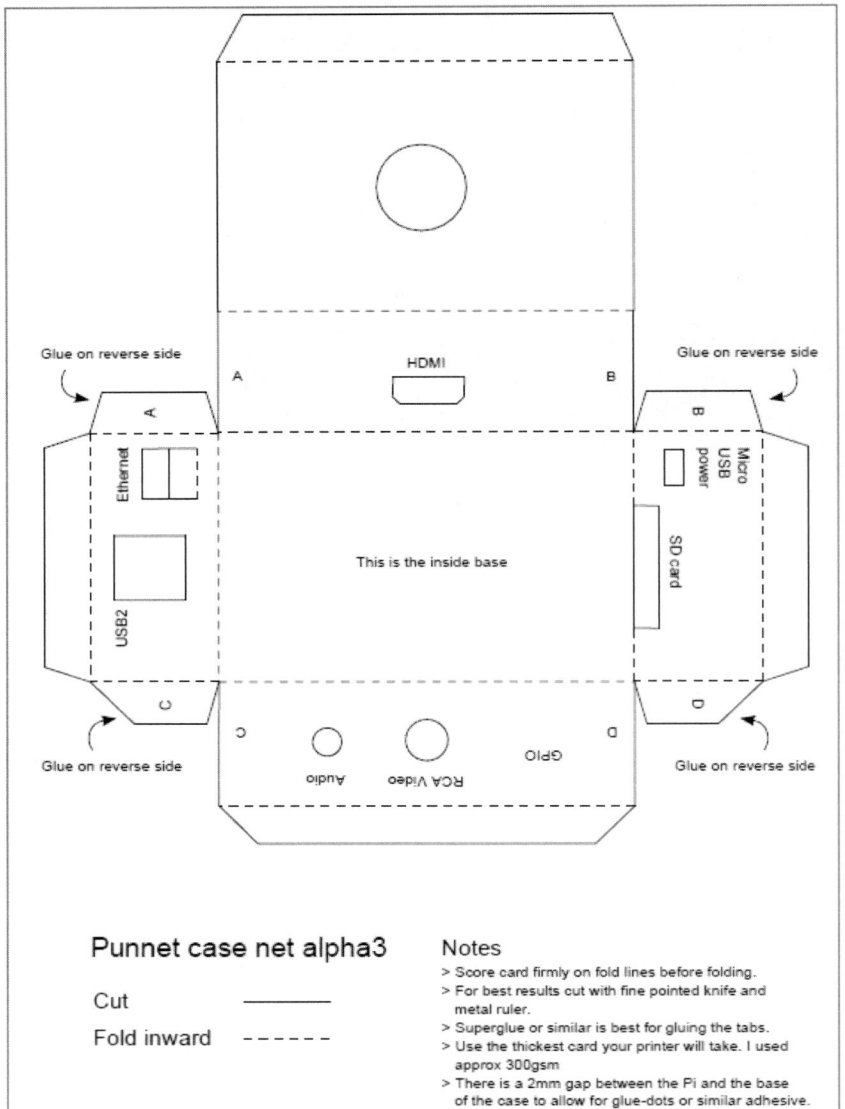

Punnet case net alpha3

Cut ————————

Fold inward – – – – –

Notes

> Score card firmly on fold lines before folding.
> For best results cut with fine pointed knife and metal ruler.
> Superglue or similar is best for gluing the tabs.
> Use the thickest card your printer will take. I used approx 300gsm
> There is a 2mm gap between the Pi and the base of the case to allow for glue-dots or similar adhesive.

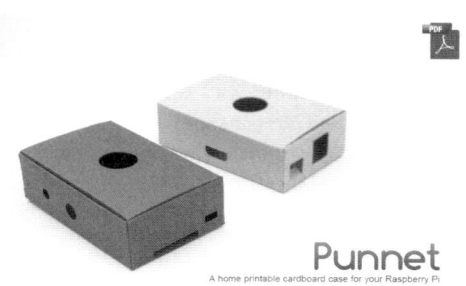

Bild 1.6: Einfaches Faltschachtel-
gehäuse für den Raspberry Pi.

Achten Sie beim Drucken darauf, dass alle Skalierungsfunktionen des PDF-Betrachters abgeschaltet werden und die Vorlage wirklich in Originalgröße gedruckt wird. Falten Sie an den gestrichelten Linien nach innen. Die aufgedruckten Hinweise befinden sich später auf der Innenseite des Gehäuses, sodass Sie die Außenseite nach Belieben gestalten können. Eine noch bessere Faltschachtel, allerdings nicht ganz kostenlos, liefert: *www.ip-adelt.de/index.php?id=143* Zur Kontrolle für den Druck sind Maße angegeben, die Sie einfach auf dem Ausdruck nachmessen können.

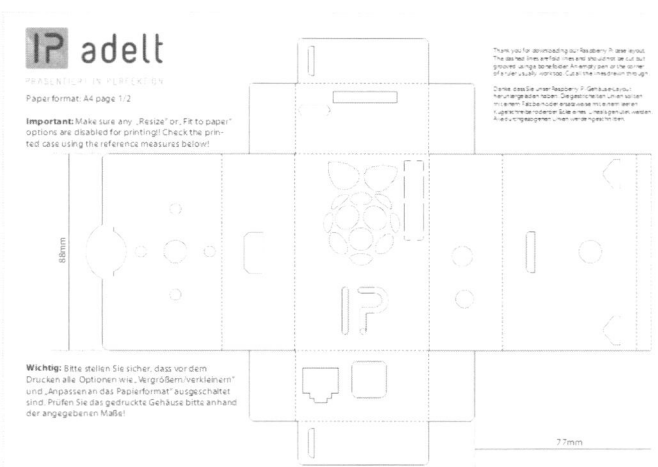

Bild 1.7: Professionelles, stabiles Gehäuse für den Raspberry Pi zum
Ausdrucken und Selberfalten.

Ritzen Sie die gekennzeichneten Faltlinien mit einem Falzbein oder Messer vor. Die Faltung muss später sehr exakt vorgenommen werden, da die Stabilität auf der Spannung bestimmter Gehäuseteile basiert. Schneiden Sie die vorgesehenen Öffnungen für die Anschlüsse aus. Außer dem Platinenstecker des GPIO-Ports müssen die Öffnungen auch ausgeschnitten werden, wenn der jeweilige Anschluss nicht genutzt wird. Die Anschlussbuchsen ragen leicht durch die Gehäusewand nach außen, was auch noch etwas zur Stabilität beiträgt.

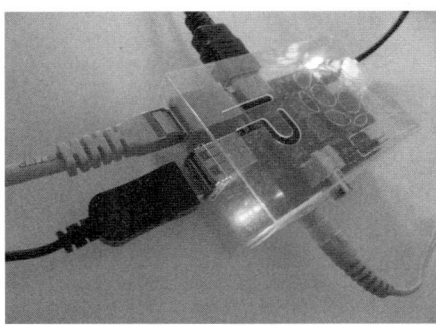

Bild 1.8: Ein Raspberry Pi im Plastik-Faltgehäuse.

Falten Sie das Gehäuse zusammen und fixieren die Seitenteile mit den Stecklaschen an der Unterseite. Bevor Sie die letzte Seitenwand zuklappen, schieben sie den Raspberry Pi in die Schachtel und schließen diese dann mit der letzten Stecklasche.

1.5   Ein wenig Zubehör für die Inbetriebnahme

Der Raspberry Pi ist trotz seiner geringen Größe ein vollwertiger Computer. Um ihn allerdings nutzen zu können, braucht man wie bei einem »normalen« PC noch einiges an Zubehör, ein Betriebssystem, Stromversorgung, Netzwerk, Monitor, Tastatur und diverse Anschlusskabel.

Hier finden Sie Erweiterungskomponenten

In den Anfangszeiten war der Raspberry Pi nur über die englischen Shops von Premier Farnell Element14 (*de.farnell.com/raspberry-pi-accessories*) und RS Components (*bit.ly/16aDyZv*) zu bekommen, was mit Wartezeiten und hohen Versandkosten verbunden war. Mittlerweile bieten diverse Händler bei Ebay (*bit.ly/ZJPoHG*) und Amazon (*amzn.to/11PxUbp*) den Raspberry Pi online an. Bei Conrad bekommt man ihn ebenfalls im Online-Shop (*bit.ly/10NrwEF*) sowie auch – wenn nicht gerade ausverkauft – in den Filialen.

Die Preise für das Modell B liegen in Deutschland zwischen 30 und 50 Euro. Das einfachere Modell A ist für 20 bis 40 Euro zu bekommen. Das größte Angebot an Erweiterungskomponenten für den Raspberry Pi bietet der Online-Shop von Farnell. Auf dessen Webseite zeigt eine interaktive Grafik, was man alles an den Raspberry Pi anschließen kann.

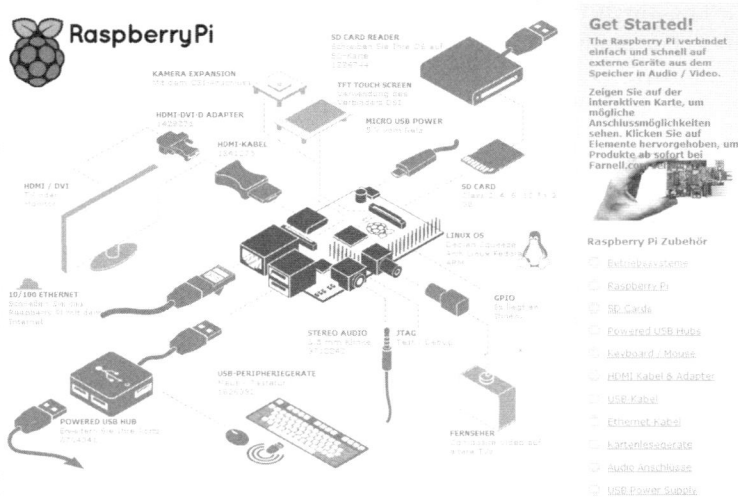

Bild 1.9: Verschiedene Erweiterungen für den Raspberry Pi bei: *de.farnell.com/* *raspberry-pi-accessories.*

Strom über Micro-USB-Handyladegerät

Für den Raspberry Pi reicht jedes moderne Handynetzteil. Ältere Ladegeräte aus den Anfangszeiten der USB-Ladetechnik sind noch zu schwach. Schließt man leistungshungrige USB-Geräte wie externe Festplatten ohne eigene Stromversorgung an, ist ein stärkeres Netzteil erforderlich. Das Netzteil muss 5 V und mindestens 700 mA liefern, besser 1000 mA. Der eingebaute Leistungsregler verhindert ein »Durchbrennen« bei zu starken Netzteilen. Für das Modell A reicht ein Netzteil mit 500 mA aus.

So äußert sich ein zu schwaches Netzteil
Wenn der Raspberry Pi zwar bootet, sich dann aber keine Mausbewegung erkennen lässt oder das System nicht auf Tastatureingaben reagiert, deutet das auf eine zu schwache Stromversorgung hin. Auch wenn der Zugriff auf angeschlossene USB-Sticks oder Festplatten nicht möglich ist, sollten Sie ein stärkeres Netzteil verwenden.

Der Raspberry Pi kann seinen Strom auch aus dem USB-Anschluss eines PCs beziehen. Allerdings braucht man hier (offiziell) einen USB-3.0-Anschluss mit Micro-USB-2.0-Kabel, da diese Anschlüsse nach Spezifikation 900 mA liefern, ein normaler USB-2.0-Anschluss aber nur 500 mA. Viele Notebooks haben aber schon USB-2.0-Anschlüsse mit 700 mA Leistung oder mehr.

Eine SD-Speicherkarte agiert als Festplatte

Die Speicherkarte dient sozusagen als Festplatte. Sie enthält das Betriebssystem. Eigene Daten und installierte Programme werden ebenfalls darauf gespeichert. Die Speicherkarte sollte mindestens 4 GB groß sein und nach Herstellerangaben des Raspberry Pi mindestens den Class-4-Standard unterstützen. Dieser Standard gibt die Geschwindigkeit der Speicherkarte an. Eine aktuelle Class-10-Speicherkarte macht sich in der Performance deutlich positiv bemerkbar.

Bild 1.10: Die Zahl im Kreis gibt die Klassifizierung der Speicherkarte an. Links: 4 GB Class 6, rechts: 16 GB Class 10.

 Raspberry Pi hat kein BIOS
Der Raspberry Pi bootet immer von der Speicherkarte. Da er kein BIOS hat, gibt es auch keine Möglichkeit, umzuschalten, um von einem anderen Medium zu booten. Daten können auch auf einem USB-Stick oder einer externen Festplatte liegen.

Dateneingabe mit Tastatur und Maus

Jede gängige Tastatur mit USB-Anschluss kann genutzt werden. Kabellose Tastaturen funktionieren manchmal nicht, da sie zu viel Strom oder gar spezielle Treiber benötigen. Haben Sie keine andere Tastatur zur Verfügung, benötigen Sie einen USB-Hub mit separater Stromversorgung zum Betrieb einer Funktastatur. Einige USB-Tastaturen besitzen einen weiteren USB-Anschluss für die Maus. Dadurch sparen Sie sich am Raspberry Pi einen Anschluss und können diesen z. B. für einen USB-Stick nutzen.

Eine praktische Lösung, die zur Größe des Raspberry Pi passt, ist die Mikro-Multimedia-Funktastatur mit Touchpad MFT-2402.TP von GeneralKeys, die in Deutschland über *www.pearl.de* vertrieben wird. Diese Tastatur hat etwa die Größe eines Taschenrechners oder größeren Smartphones, dabei aber ein komplettes deutsches QWERTZ-Tastaturlayout mit Funktionstasten, Cursorblock und Ziffernblock. Tasten mit einem klar spürbaren Druckpunkt ermöglichen ein flüssiges Tippen aus der Hand, ohne die Tastatur irgendwo auflegen zu müssen. Ein präzises Touchpad und je zwei Maustasten an beiden Seiten, die mit den Daumen leicht erreichbar sind, ersetzen die Maus. Die Stromaufnahme des Funkempfängers ist so gering, dass man ihn direkt ohne Hub am Raspberry Pi anschließen kann.

Bild 1.11: Bildquelle: Pearl GmbH – *www.pearl.de/a-PX4833-1002.shtml.*

Die Tastatur wird über einen USB-Funkempfänger mit dem Raspberry Pi verbunden, wobei keine Treiber installiert werden müssen. Der USB-Stick kann bei Nichtbenutzung in einem Fach auf der Unterseite der Tastatur gelagert werden. In der Tastatur ist ein Akku eingebaut, der mit einem USB-Ladegerät aufgeladen werden kann.

▶ **Maus mit USB-Anschluss**

Eine Maus mit USB-Anschluss wird nur benötigt, wenn man auf dem Raspberry Pi ein Betriebssystem mit grafischer Benutzeroberfläche verwendet. Einige Tastaturen haben zusätzliche USB-Anschlüsse für Mäuse, sodass Sie keinen weiteren Anschluss belegen müssen. Spezielle USB-Adapter ermöglichen den Anschluss von Tastaturen und Mäusen mit PS/2-Anschluss. Über so einen Adapter können Tastatur und Maus am selben USB-Port genutzt werden, sodass der zweite für andere Geräte frei wird.

Netzwerkkabel für die Routerverbindung

Zur Verbindung mit dem Router im lokalen Netzwerk wird ein Netzwerkkabel benötigt. Zur Ersteinrichtung ist dies auf jeden Fall noch erforderlich, später kann man auch WLAN nutzen. Ohne Internetzugang sind viele Funktionen des Raspberry Pi nicht sinnvoll nutzbar.

Raspberry Pi hat keine Uhr
Im Raspberry Pi ist kein batteriegepufferter Uhrenchip eingebaut. Die Uhrzeit wird üblicherweise mit einem Zeitserver im Internet abgeglichen. Hatten Sie den Raspberry Pi längere Zeit vom Stromnetz getrennt und betreiben ihn danach offline, kann die Uhrzeit verloren gegangen sein.

HDMI-Kabel für den Bildschirmanschluss

Der Raspberry Pi kann per HDMI-Kabel an Monitore oder Fernseher angeschlossen werden. Zum Anschluss an Computermonitore mit DVI-Anschluss gibt es spezielle HDMI-Kabel oder Adapter. HDMI-Kabel sind im Elektronikhandel zu Preisen erhältlich, die fast dem Preis des Raspberry Pi selbst entsprechen. Bei Onlineversendern (z. B. *amzn.to/VGv05j*) bekommt man sie einschließlich Versand für wenige Euro. VGA-Monitore werden leider nicht unterstützt. Der Raspberry-Pi-Hersteller Farnell bietet Adapter von HDMI auf VGA an, die allerdings mehr kosten als der Raspberry Pi selbst.

Audiokabel für den Lautsprecheranschluss

Über ein Audiokabel mit 3,5-mm-Klinkensteckern können Kopfhörer oder PC-Lautsprecher am Raspberry Pi genutzt werden. Das Audiosignal ist auch über das

HDMI-Kabel verfügbar. Bei HDMI-Fernsehern oder Monitoren ist kein Audiokabel nötig. Wird ein PC-Monitor über ein HDMI-Kabel mit DVI-Adapter angeschlossen, geht meist an dieser Stelle das Audiosignal verloren, sodass Sie den analogen Audioausgang wieder brauchen.

FBAS-Videokabel für ältere Fernseher

Steht kein HDMI-Monitor zur Verfügung, kann der Raspberry Pi mit einem analogen FBAS-Videokabel mit den typischen gelben Steckern an einen klassischen Fernseher angeschlossen werden, wobei die Bildschirmauflösung allerdings sehr gering ist. Für Fernseher ohne gelben FBAS-Eingang gibt es Adapter von FBAS auf SCART. Die grafische Oberfläche lässt sich in analoger Fernsehauflösung nur mit Einschränkungen bedienen.

Die beiden Screenshots zeigen die unterschiedlichen Auflösungen eines modernen HDMI-Monitors und eines klassischen Fernsehers. Der Bildbetrachter skaliert sich auf dem Fernseher im Beispiel automatisch auf 68 % Größe, um gerade auf den Bildschirm zu passen. Bei gleicher Skalierung ergibt sich auf dem HDMI-Monitor nur ein kleines Bild, aber in deutlich höherer Qualität.

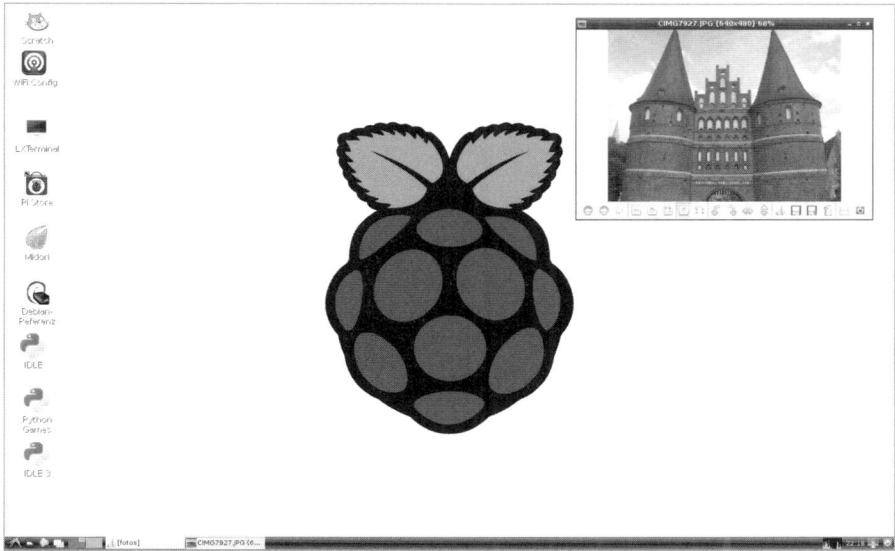

Bild 1.12: Die grafische Oberfläche des Raspberry Pi auf einem HDMI-Monitor und im Vergleich auf einem analogen Fernseher zeigt eindrucksvoll die unterschiedliche Auflösung der beiden Systeme.

Haben Sie weder einen HDMI-Monitor noch einen Fernseher mit FBAS-Eingang, können Sie auch einen PC mit TV-Karte nutzen, um das Bild des Raspberry Pi auf einem Monitor darzustellen. Schließen Sie das gelbe Videokabel an den analogen Eingang der TV-Karte an und starten Sie auf dem PC das Programm zum Fernsehen bzw. zur Videoaufzeichnung. Hier können Sie das Bild vom Raspberry Pi nicht nur sehen, sondern sogar aufzeichnen, allerdings auch nur in der Bildauflösung, die die TV-Karte unterstützt.

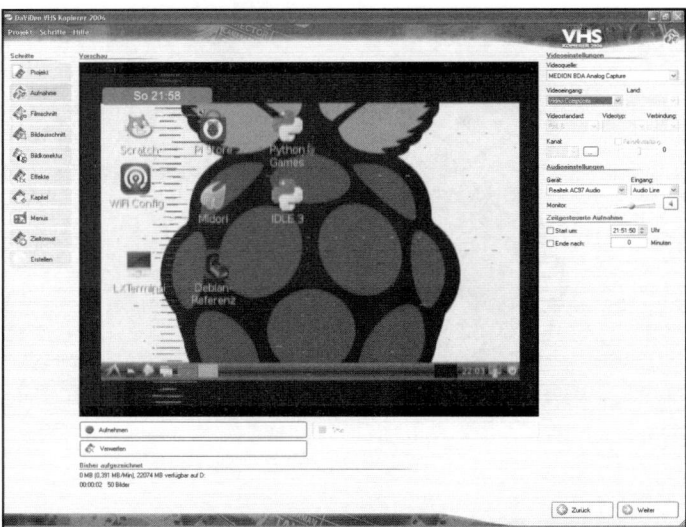

Bild 1.13: Raspberry Pi an einem PC mit einer älteren TV-Karte.

2 Raspbian: Das Betriebssystem

Der Raspberry Pi wird ohne Betriebssystem ausgeliefert. Während fast alle PCs Windows verwenden, empfiehlt sich für den Raspberry Pi ein speziell angepasstes Linux. Windows würde auf der sparsamen Hardware gar nicht laufen. Da Linux ein völlig offenes System ist, an dem jeder beliebig basteln kann, sind mittlerweile Hunderte Linux-Varianten verfügbar, fast alle kostenlos und ein paar davon sogar speziell für den Raspberry Pi angepasst.

Raspbian heißt die Linux-Distribution, die vom Hersteller des Raspberry Pi empfohlen und unterstützt wird. Raspbian basiert auf Debian-Linux, einer der bekanntesten Linux-Distributionen, auf der unter anderem auch die populären Linux-Varianten Ubuntu und Knoppix basieren. Wir verwenden für alle Beispiele in diesem Buch die Raspbian-Version »wheezy«. Was bei PCs die Festplatte ist, ist beim Raspberry Pi eine Speicherkarte. Auf dieser befinden sich das Betriebssystem und die Daten, von dieser Speicherkarte bootet der Raspberry Pi auch. Raspbian ist fast 2 GB groß, es empfiehlt sich also mindestens eine 4 GB große Speicherkarte, damit auch noch Platz für Programme und eigene Dateien bleibt.

2.1 Vorbereiten einer SD-Speicherkarte

Da der Raspberry Pi selber noch nicht booten kann, bereiten wir die Speicherkarte auf dem PC vor. Dazu braucht man einen Kartenleser am PC. Dieser kann fest eingebaut oder per USB angeschlossen werden. Wer noch keinen Kartenleser hat, besorgt sich am besten einen kleinen Kartenleser in USB-Stick-Form. Die einfachen Modelle, die nur SD-Karten lesen, reichen völlig aus, da andere Kartenformate inzwischen weitgehend ungebräuchlich sind. Diese USB-Sticks können später auch an den Raspberry Pi angeschlossen werden, um neben der Karte mit dem Betriebssystem noch eine weitere Speicherkarte zu nutzen.

Verwenden Sie am besten fabrikneue Speicherkarten, da diese vom Hersteller bereits optimal vorformatiert sind. Sie können aber auch eine Speicherkarte verwenden, die vorher bereits in einer Digitalkamera oder einem anderen Gerät genutzt wurde. Diese Speicherkarten sollten vor der Verwendung für den Raspberry Pi neu formatiert werden. Theoretisch können Sie dazu die Formatierungsfunktionen von Windows verwenden. Deutlich besser ist die Software SDFormatter der SD Association. Damit werden die Speicherkarten für optimale Performance formatiert. Dieses Tool können Sie bei *www.sdcard.org/downloads/formatter_4* kostenlos herunterladen.

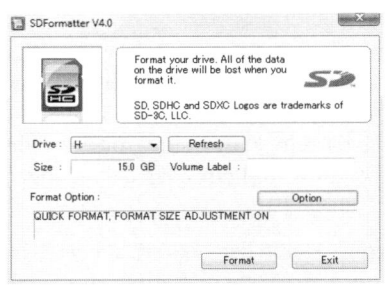
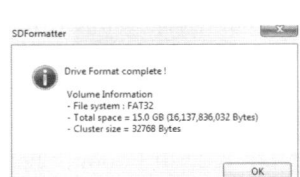

Bild 2.1: Das SDFormatter-Tool unter Windows in Aktion.

Sollte die Speicherkarte Partitionen aus einer früheren Betriebssysteminstallation für den Raspberry Pi enthalten, wird im SDFormatter nicht die vollständige Größe angezeigt. Verwenden Sie in diesem Fall die Formatierungsoption *FULL (Erase)* und schalten Sie die Option *Format Size Adjustment* ein. Damit wird die Partitionierung der Speicherkarte neu angelegt.

Speicherkarte wird gelöscht

Am besten verwenden Sie eine leere Speicherkarte für die Installation des Betriebssystems. Sollten sich auf der Speicherkarte Daten befinden, werden diese durch die Neuformatierung während der Betriebssysteminstallation unwiderruflich gelöscht.

2.2 Komfortable Installation mit NOOBS

New Out Of Box Software (NOOBS) ist ein neuer Installer für Raspberry-Pi-Betriebssysteme. Hier braucht sich der Benutzer nicht mehr selbst mit Image Tools und Bootblöcken auseinanderzusetzen, um eine bootfähige Speicherkarte einzurichten. NOOBS bietet sechs verschiedene Betriebssysteme zur Auswahl, wobei man beim ersten Start direkt auf dem Raspberry Pi das gewünschte Betriebssystem auswählen kann, das dann bootfähig auf der Speicherkarte installiert wird. Laden Sie sich das etwa 1 GB große Installationsarchiv für NOOBS von der offiziellen

Downloadseite *www.raspberrypi.org/downloads* herunter und entpacken Sie es am PC auf eine mindestens 4 GB große Speicherkarte.

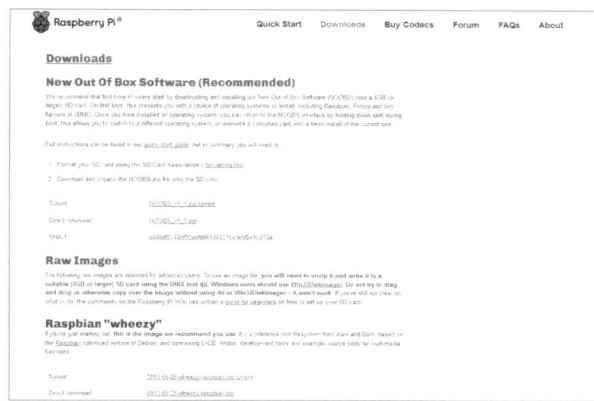

Bild 2.2: Die offizielle Downloadseite für NOOBS und Raspbian »wheezy«.

Starten Sie jetzt den Raspberry Pi mit dieser Speicherkarte. Nach wenigen Sekunden erscheint ein Auswahlmenü, in dem Sie das gewünschte Betriebssystem wählen können. Für dieses Buch verwenden wir das von der Raspberry-Pi-Stiftung empfohlene Betriebssystem Raspbian. Weiterhin enthält NOOBS noch ein rein kommandozeilenbasiertes, sehr schnelles Linux namens *Archlinux* und zwei verschiedene Varianten des Media-Centers XMBC, OpenELEC und Raspbmc. Pidora ist ein auf Fedora Linux basierendes Linux-Betriebssystem. RiscOS ist ein speziell für den ARM-Prozessor entwickeltes eigenständiges Betriebssystem mit grafischer Oberfläche, das mit Linux nichts zu tun hat.

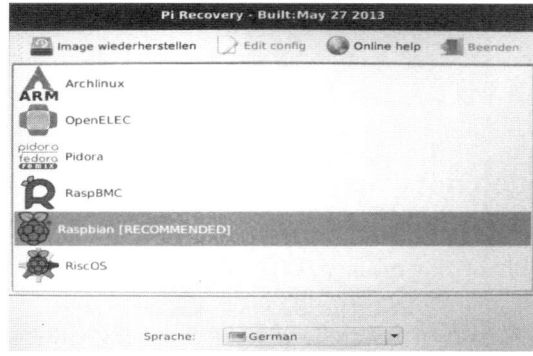

Bild 2.3: Der Auswahlbildschirm zur Betriebssysteminstallation.

Wählen Sie ganz unten *German* als Installationssprache und klicken Sie dann doppelt auf das vorausgewählte Raspbian-Betriebssystem. Nach Bestätigung einer Sicherheitsabfrage, dass die Speicherkarte überschrieben wird, startet die Installation, die einige Minuten dauert. Während der Installation werden kurze Informationen zu Raspbian angezeigt.

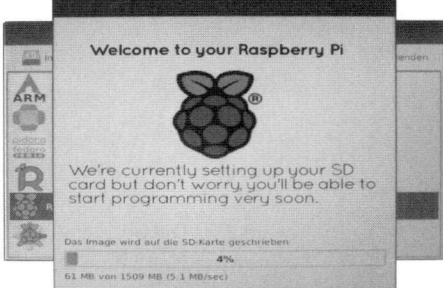

Bild 2.4: Die Installation läuft.

Nach abgeschlossener Installation bootet der Raspberry Pi neu und startet automatisch das Konfigurationstool *raspi-config*.

 Anderes Betriebssystem ausprobieren
NOOBS und die anderen Betriebssystemabbilder bleiben auf der Speicherkarte installiert. Halten Sie beim Booten die `Umschalt`-Taste gedrückt, erscheint das Auswahlmenü, in dem Sie ein anderes Betriebssystem installieren können. Bedenken Sie dabei aber, dass alle persönlichen Einstellungen, eigene Dateien und nachträglich installierte Programme bei der Neuinstallation verloren gehen. Möchten Sie mehrere Betriebssysteme parallel verwenden, empfiehlt sich eine zweite Speicherkarte. NOOBS ist kein Bootmanager, es kann immer nur ein Betriebssystem auf einer Speicherkarte installiert sein.

2.3   Klassische Installation mit einem Image

Bevor es NOOBS gab, musste man ein Betriebssystem-Image auf dem PC auf die Speicherkarte übertragen und diese bootfähig machen. Diese Methode wird immer noch für alle Betriebssysteme verwendet, die bei NOOBS nicht enthalten sind. Sie können auf diesem Weg aber auch ältere Raspbian-Versionen installieren, wenn Sie diese testen wollen. Zur Vorbereitung der Speicherkarte brauchen Sie ein Programm, mit dem sich solche Image-Dateien auf die Speicherkarte übertragen lassen. Die Datei kann nicht einfach kopiert werden, sie enthält die komplette Verzeichnisstruktur des Raspbian-Betriebssystems, das auf der Speicherkarte bootfähig installiert werden muss. Hier verwenden wir das kostenlose USB Image Tool von *www.alexpage.de*.

➊ Eine Image-Datei des Raspbian-»wheezy«-Betriebssystems finden Sie bei *www. raspberrypi.org/downloads*. Das zip-Archiv zum Download ist etwa 500 MB groß. Nach dem Entpacken auf der Festplatte des PCs ergibt sich eine 2 GB große Image-Datei mit der Endung *.img*.

➋ Stecken Sie die Speicherkarte in den Kartenleser und starten Sie das USB Image Tool. Wählen Sie oben links den *Device Mode* und klicken Sie auf das Symbol der Speicherkarte. Rechts sehen Sie technische Daten der Speicherkarte sowie das standardmäßig darauf vorhandene logische Laufwerk.

➌ Wählen Sie mit *Restore* das Image aus und starten Sie den Kopiervorgang, der einige Minuten dauern kann, wobei die Speicherkarte neu formatiert wird. Alle vorher darauf befindlichen Daten gehen verloren. Nach Abschluss ist die Speicherkarte fertig vorbereitet.

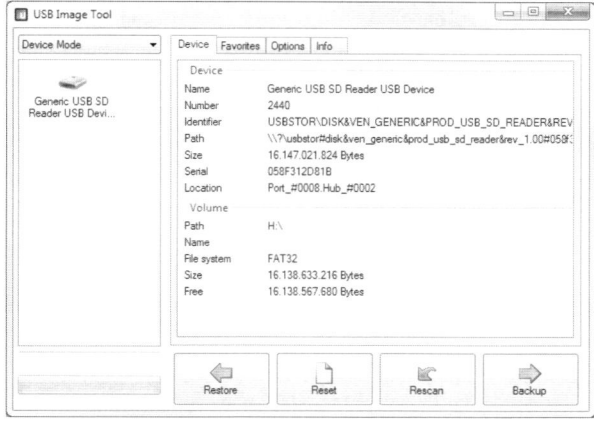

Bild 2.5: Das Raspbian-Betriebssystem wird vom PC auf der Speicherkarte installiert.

Vorsicht

Lassen Sie bei der Bedienung des USB Image Tools und vergleichbarer Software äußerste Vorsicht walten. Bei Fehlbedienung formatieren Sie schnell die Festplatte des PCs anstelle der Speicherkarte.

2.4   Raspberry Pi zum ersten Mal booten

Jetzt können Sie den Raspberry Pi zum ersten Mal wirklich booten. Stecken Sie dazu die Speicherkarte in den Steckplatz und schließen Sie Tastatur, Maus, Monitor und Netzwerkkabel an. Der USB-Stromanschluss kommt als Letztes. Damit wird der Raspberry Pi eingeschaltet. Einen separaten Einschaltknopf gibt es nicht.

❶ Der Raspberry Pi bootet und zeigt dabei auf einem schwarzen Bildschirm diverse Linux-Kommandos, die schnell durchrauschen.

❷ Am Ende erscheint automatisch ein Konfigurationstool, mit dem sich ein paar wichtige Grundeinstellungen vornehmen lassen. Dieses Tool kann nicht mit der Maus bedient werden. Verwenden Sie die Pfeiltasten und die ⌈Enter⌋-Taste der Tastatur. Die Bestätigungsschaltflächen *Select* bzw. *OK* und *Abbrechen* erreicht man mit der ⌈Tab⌋-Taste. Einige Veränderungen dauern einige Sekunden, während derer ein schwarzer Linux-Bildschirm angezeigt wird. An manchen Stellen steht extra noch dabei *this might take a while*. Nicht wundern!

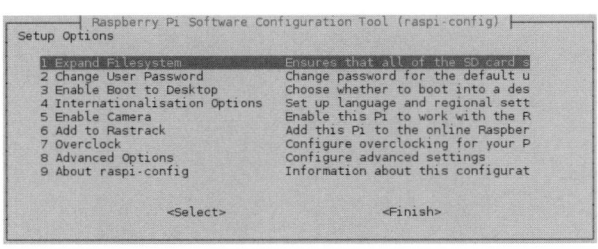

Bild 2.6: Das Konfigurationstool *raspi-config*.

❸ Machen Sie als erstes die gesamte Speicherkarte für den Raspberry Pi nutzbar. Die Raspbian-Image-Datei ist etwa 2 GB groß. Damit ist das verfügbare Dateisystem für den Raspberry Pi am Anfang auch nur 2 GB groß. Der Menüpunkt *Expand Filesystem* vergrößert das Dateisystem auf die gesamte Größe der Speicherkarte. Wer, wie empfohlen, eine 4 oder 8 GB große Speicherkarte verwendet, kann dann entsprechend auch 4 oder 8 GB auf dem Raspberry Pi nutzen. Diese Änderung wird erst nach dem nächsten Neustart wirksam.

> **Bei NOOBS nicht nötig**
> Haben Sie Raspbian über den Betriebssysteminstaller NOOBS installiert, wird die Partitionsgröße automatisch angepasst. Dieser Schritt ist in *raspi-config* dann nicht mehr nötig.

④ Viele Programme wie auch dieses Konfigurationstool können statt englischen auch deutsche Texte ausgeben. Teilen Sie Ihrem Raspberry Pi einfach mit, dass Sie deutsch sprechen. Wählen Sie dazu den Menüpunkt *Internationalisation Options* und auf der nächsten Bildschirmseite *Change Locale*. Bestätigen Sie den ersten Dialog mit `Enter`. Jetzt erscheint eine lange Liste von Sprachen. Wählen Sie hier *de_DE.UTF-8 UTF-8*. Nachdem Sie mit dem Cursor dort angekommen sind, drücken Sie die `Leertaste`, um die Auswahl zu bestätigen. Springen Sie mit der `Tab`-Taste auf *OK* und wählen Sie auf dem nächsten Bildschirm ebenfalls *de_DE.UTF-8* aus. Auch das muss noch mit *OK* bestätigt werden.

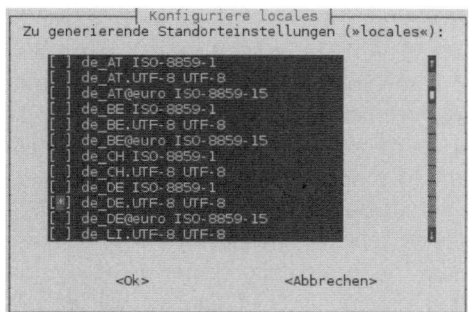

Bild 2.7: Anzeigesprache auswählen.

⑤ Stellen Sie den Raspberry Pi auf deutsche Tastatur um, um nicht immer Y und Z vertauschen zu müssen. Wählen Sie dazu unter *Internationalisation Options* den Menüpunkt *Change Keyboard Layout*. Nach einigen Sekunden erscheint eine Liste mit zahlreichen verschiedenen Tastaturlayouts. In den allermeisten Fällen, solange man eine normale PC-Tastatur verwendet, ist die *Generische PC-Tastatur mit 105 Tasten (Intl)* die richtige Wahl. Viel wichtiger ist die Tastaturbelegung. Wählen Sie hier zunächst *Other*, um eine Auswahl an Tastaturen zu bekommen, die über den englischen Sprachraum hinaus reichen, und suchen Sie in dieser Liste die einfache deutsche Tastatur *Deutsch* bzw. *German*. Auf den nächsten Bildschirmen wählen Sie *Der Standard für die Tastaturbelegung* und *Keine Compose-Taste*. Die letzte Frage, ob die Tastenkombination `Strg` + `Alt` + `Zurück` (`Ctrl` + `Alt` + `Backspace`) den X-Server beenden soll, beantworten Sie am besten mit *Ja*. Dann können Sie, wenn wirklich einmal ein Programm auf der grafischen Oberfläche hängen bleibt, dieses mit der angegebenen Tastenkombination komplett beenden und anschließend wieder neu starten.

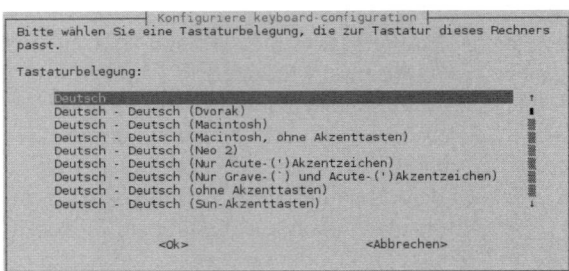

Bild 2.8: Tastaturlayout auswählen.

 Seit über 140 Jahren unverändert

Das in Deutschland verwendete QWERTZ-Tastaturlayout basiert bis auf minimale Unterschiede auf dem vom amerikanischen Buchdrucker Christopher Latham Sholes entworfenen QWERTY-Layout. Dieses ist so ausgelegt, dass man englische Texte ergonomisch einigermaßen schnell schreiben kann, aber auch nicht zu schnell. Das Tastaturlayout sollte vor allem verhindern, dass sich auf den damaligen Schreibmaschinen die Typenhebel häufig aufeinanderfolgender Buchstaben beim schnellen Tippen verhaken. Obwohl dieses Problem auf Computertastaturen längst nicht mehr besteht, hat sich die Tastenanordnung seit der Patentanmeldung im Jahre 1868 fast nicht geändert. In neuerer Zeit gab es einige Versuche, die Anordnung der Tasten zu optimieren, um Verkrampfungen beim Schreiben zu verhindern. Die bekanntesten sind die *Dvorak*-Tastatur und die *Neo2*-Tastatur. Beide werden vom Raspberry Pi unterstützt, aber keine davon konnte sich auch nur ansatzweise durchsetzen.

Wichtig ist auch noch, die Zeitzone einzustellen, da der Raspberry Pi keine interne Uhr hat, sondern seine Zeiteinstellung aus dem Internet von einem Zeitserver holt. Die Einstellung finden Sie ebenfalls unter *Internationalisation*

Options. Wählen Sie hier *Europa* und dann *Berlin* aus, damit der Raspberry Pi die richtige Zeit verwendet.

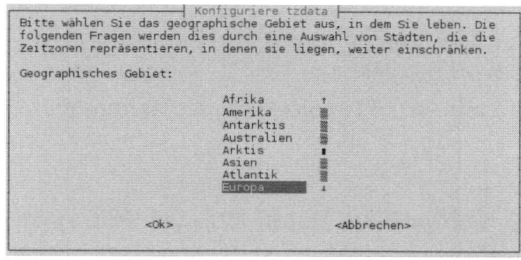

Bild 2.9: Geografisches Gebiet für Zeitzone auswählen.

⑦ Jetzt brauchen Sie nur noch zwei Einstellungen zu prüfen, die in den meisten Fällen bereits richtig vorkonfiguriert sind. Unter *Advanced Options / Ssh* muss der SSH-Server mit *Enable* eingeschaltet sein, um über das Netzwerk auf den Raspberry Pi zugreifen zu können. Unter *Enable Boot to Desktop* beantworten Sie die Frage *Should we boot straight to desktop* mit *Ja*, damit der Raspberry Pi direkt die grafische Oberfläche bootet. Andernfalls würden Sie nach dem Start auf der Linux-Kommandozeile landen.

⑧ Nachdem Sie diese Grundkonfiguration vorgenommen haben, springen Sie mit der ⬚Tab⬚-Taste unten auf *Finish* und beantworten danach die Frage nach einem Neustart mit *Ja*.

Der Raspberry Pi startet neu, was wesentlich schneller als bei einem PC geht. Jetzt wird direkt der grafische Desktop gestartet. Sollten Sie später dieses Konfigurationstool noch mal brauchen, um eine Einstellung zu ändern, starten Sie es aus einem LXTerminal-Fenster mit:

```
sudo raspi-config
```

 Was bedeutet sudo?
Der auf dem Raspberry Pi standardmäßig angemeldete Benutzer pi ist ein typischer eingeschränkter Linux-Benutzer. Für administrative Arbeiten am System werden Superuser-Rechte benötigt. Diese bekommt man mit einem vorangestellten sudo vor einem Linux-Kommando. Auf einem »großen« Linux-System muss dabei das root-Passwort eingegeben werden. Auf dem Raspberry Pi hat der Superuser root kein Passwort.

Zeiteinstellung über Kommandozeilenbefehl

Haben Sie keine Internetverbindung, zeigt der Raspberry Pi eine ungültige Uhrzeit an. Sie können in solchen Fällen über einen Kommandozeilenbefehl die richtige Zeit einstellen, z. B.:

```
sudo date -set="2013-05-08 08:00:00 CEST"
```

Die Einstellung wird anschließend mit einer Klartextanzeige von Datum und Uhrzeit quittiert:

```
Mi 8. Mai 08:00:00 CEST 2013
```

Diese Zeiteinstellung gilt nur bis zum nächsten Neustart. Es gibt keine batteriegepufferte Uhr. Sobald der Raspberry Pi eine Internetverbindung hat, wird automatisch die richtige Zeit angezeigt.

LED-Statusanzeigen und deren Bedeutung

In einer Ecke auf dem Raspberry Pi befinden sich 5 LEDs mit Statusanzeigen. Die Bezeichnungen sind auf neueren und älteren Raspberry-Pi-Modellen teilweise unterschiedlich, die Funktionen sind aber die gleichen.

Neue Platine (Rev. 2)	Ältere Platine (Rev. 1)	Bedeutung der LED
ACT	OK	Zugriff auf die Speicherkarte
PWR	PWR	Mit Stromversorgung verbunden
FDX	FDX	LAN im Vollduplex-Modus
LNK	LNK	Zugriff auf das LAN
100	10M	LAN mit 100 MBit/s

Bild 2.10: Die Status-LEDs auf dem Raspberry Pi.

3 LXDE: Die Benutzeroberfläche

Viele schrecken bei dem Wort Linux erst einmal zurück, weil sie befürchten, kryptische Befehlsfolgen per Kommandozeile eingeben zu müssen, wie vor 30 Jahren unter DOS. Weit gefehlt! Linux bietet als offenes Betriebssystem den Entwicklern freie Möglichkeiten, eigene grafische Oberflächen zu entwickeln. So ist man als Anwender des im Kern immer noch kommandozeilenorientierten Betriebssystems nicht auf eine Oberfläche festgelegt.

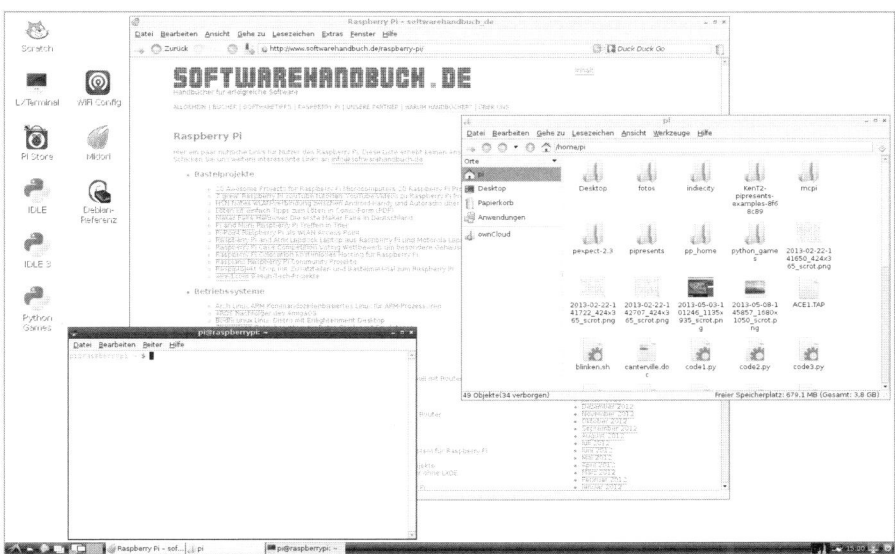

Bild 3.1: Der LXDE-Desktop auf dem Raspberry Pi hat große Ähnlichkeit mit Windows XP.

Das Raspbian-Linux für den Raspberry Pi verwendet die Oberfläche LXDE (Lightweight X11 Desktop Environment), die einerseits sehr wenig Systemressourcen benötigt und andererseits mit ihrem Startmenü und Dateimanager der Windows-Oberfläche sehr ähnelt.

Linux-Anmeldung

Selbst die bei Linux typische Benutzeranmeldung wird im Hintergrund erledigt. Falls Sie diese doch einmal brauchen: Der Benutzername lautet pi und das Passwort raspberry.

Das LXDE-Symbol ganz links unten öffnet das Startmenü, die Symbole daneben den Dateimanager und den Webbrowser. Das Startmenü ist wie unter Windows mehrstufig aufgebaut. Häufig verwendete Programme lassen sich mit einem Rechtsklick auf dem Desktop ablegen. Hier liegen bereits einige der vorinstallierten Programme, der Midori-Webbrowser, Python-Entwicklungsumgebungen und der Pi Store.

Raspberry Pi ausschalten und neu starten

Theoretisch kann man bei dem Raspberry Pi einfach den Stecker ziehen und er schaltet sich ab. Besser ist es jedoch, das System wie auf einem PC sauber herunterzufahren. Klicken Sie dazu im Startmenü ganz unten auf *Abmelden* oder auf das rote Symbol in der rechten unteren Bildschirmecke. Wählen Sie im nächsten Dialogfeld *Ausschalten*.

3.1   Dateimanagement auf dem Raspberry Pi

Das Dateimanagement läuft unter Linux zwar etwas anders als unter Windows, ist aber auch nicht schwieriger. Raspbian bringt einen Dateimanager mit, der dem Windows-Explorer täuschend ähnlich sieht. Ein wichtiger Unterschied zu Windows: Linux trennt nicht strikt nach Laufwerken, sondern alle Dateien befinden sich in einem gemeinsamen Dateisystem.

Unter Linux legt man alle eigenen Dateien grundsätzlich nur unterhalb des eigenen Home-Verzeichnisses ab. Hier heißt es *home/pi* nach dem Benutzernamen pi. Linux verwendet den einfachen Schrägstrich zur Trennung von Verzeichnisebenen (/), nicht den von Windows bekannten Backslash (\).

Der Dateimanager, den man außer über das Startmenü übrigens auch wie unter Windows mit der Tastenkombination Win + E starten kann, zeigt standardmäßig auch nur dieses Home-Verzeichnis an. Einige Programme legen dort automatisch Unterverzeichnisse an.

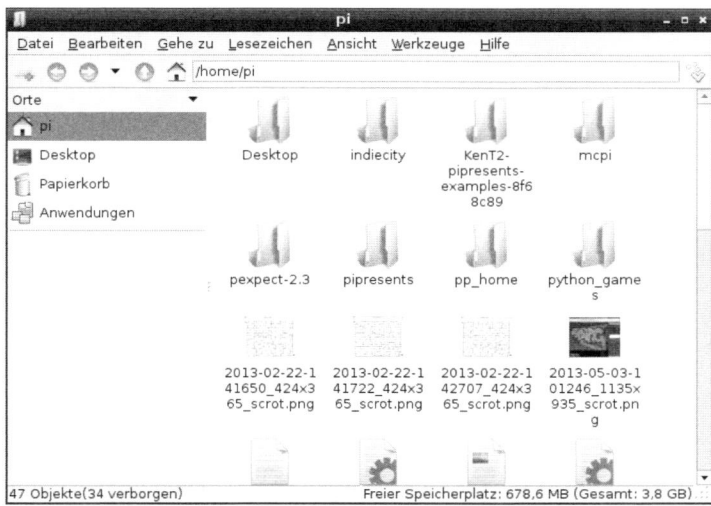

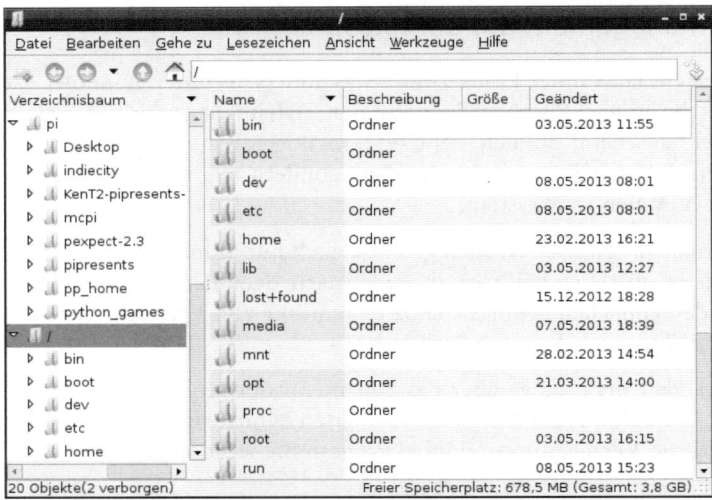

Bild 3.2: Der Dateimanager auf dem Raspberry Pi in zwei verschiedenen Darstellungen.

Wer wirklich alles sehen möchte, auch die Dateien, die den normalen Benutzer nichts angehen, schaltet den Dateimanager oben links von *Orte* auf *Verzeichnisbaum* um. Dann noch im Menü unter *Ansicht* die Option *Detailansicht* wählen, und die Anzeige sieht aus, wie man sich Linux vorstellt.

Wie viel Platz ist auf der Speicherkarte frei?

Nicht nur Festplatten von PCs sind ständig voll – bei der Speicherkarte des Raspberry Pi kann das noch viel schneller gehen. Umso wichtiger ist es, den freien und den belegten Platz auf der Speicherkarte immer im Blick zu haben. Die Statuszeile des Dateimanagers am unteren Fensterrand zeigt rechts den freien und den Gesamt-Speicherplatz auf der Speicherkarte.

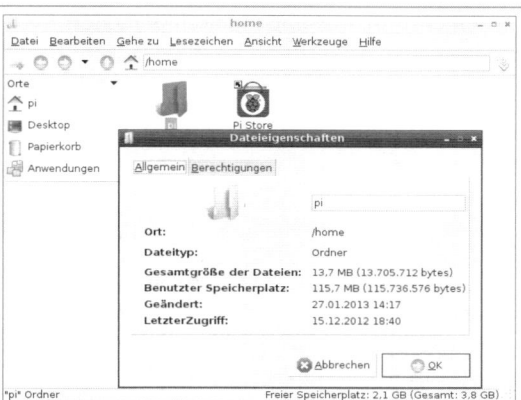

Um zu sehen, wie viel Speicherplatz Ihre eigenen Dateien auf dem Raspberry Pi belegen, können Sie sich auch die Größe eines Verzeichnisses anzeigen lassen. Klicken Sie dazu, wenn Sie sich im Dateimanager im Home-Verzeichnis befinden, auf den grünen Pfeil nach oben, um eine Verzeichnisebene höher zu springen. Klicken Sie dort mit der rechten Maustaste auf das Symbol Ihres Home-Verzeichnisses pi und wählen Sie im Kontextmenü *Eigenschaften*. Hier wird die Gesamtgröße aller Dateien angezeigt, dazu der tatsächlich auf der Speicherkarte benutzte Speicherplatz. Dieser kann bedingt durch die Clustergröße der Speicherkarte deutlich größer sein, wenn sehr viele kleine Dateien abgelegt werden. Das ist z. B. beim Browser-Cache der Fall.

3.2 Dateien auf den PC oder vom PC kopieren

Im Laufe der Zeit sammeln sich auf dem Raspberry Pi wie auf dem PC jede Menge persönliche Daten an, die man nicht verlieren möchte, wenn die Speicherkarte auf einmal den Geist aufgibt – und das passiert bei Speicherkarten öfter als bei Festplatten.

Ob man nun seine Daten vom Raspberry Pi sicherheitshalber auf den PC kopieren oder Bilder und andere Daten vom PC auf den Raspberry Pi übertragen möchte, die Geräte müssen miteinander verbunden werden. Die physikalische Verbindung ist über das Netzwerk bereits da, es muss nur noch logisch der Zugriff vom PC ge-schaffen werden.

1. Wenn Sie bei der Einrichtung des Raspberry Pi bereits den SSH-Server aktiviert haben, ist auf der Serverseite bereits alles getan. Wenn nicht, holen Sie das ein-fach nach. Starten Sie dazu das *LXTerminal* vom Desktop, und geben Sie dort ein:

```
sudo raspi-config
```

2. Wählen Sie mit den Pfeiltasten die Zeile *Advanced Options* und auf dem nächs-ten Bildschirm *SSH*, drücken Sie die [Enter]-Taste und wählen Sie auf dem nächsten Bildschirm *Enable*. Bestätigen Sie den nächsten Bildschirm mit *OK* und verlassen Sie das Konfigurationstool mit *Finish*.

3. Der Raspberry Pi arbeitet hier als Server, der vom PC, dem Client, gesteuert wird. Jetzt brauchen Sie auf dem PC nur noch ein geeignetes Tool zur Verbin-dung und Datenübertragung. Wer unter Windows nur den Explorer und keinen besonderen Dateimanager nutzt, bekommt mit WinSCP (*www.winscp.net/de*) ein komfortables Übertragungsprogramm für SCP-Verbindungen, wie sie auf dem Raspberry Pi verwendet werden.

4. Beim ersten Start fragt WinSCP nach einer neuen Verbindung. Dazu brauchen Sie die IP-Adresse des Raspberry Pi im lokalen Netzwerk. Starten Sie dazu das *LXTerminal* vom Raspbian-Desktop, und geben dort ein:

```
ip addr
```

5. In der letzten Zeile der Anzeige bei eth0 wird unter inet die lokale IP-Adresse angezeigt. Auch der Befehl ifconfig zeigt die IP-Adresse an. Auf Linux heißt dieser Befehl wirklich ifconfig und nicht ipconfig wie unter Windows.

Bild 3.3: Anzeige der lokalen IP-Adresse des Raspberry Pi mit ip addr.

⑥ Wählen Sie im WinSCP-Anmeldungsdialog bei *Übertragungsprotokoll SCP* aus, tragen Sie bei *Rechnername* die IP-Adresse des Raspberry Pi ein, und lassen Sie bei *Portnummer* die voreingestellte 22 stehen. Geben Sie dann im Feld *Benutzername* pi ein und im Feld *Kennwort* raspberry. Benutzername und Kennwort müssen beide klein geschrieben sein, Linux nimmt es da sehr genau.

Bild 3.4: Neue Verbindung in WinSCP einrichten.

⑦ Klicken Sie unten auf *Speichern* und schalten Sie im nächsten Dialogfeld den Schalter *Passwort speichern* ein, obwohl WinSCP dies nicht empfiehlt. Hier gibt es keine Sicherheitsbedenken, da sowieso jeder das Passwort für den Raspberry Pi kennt.

⑧ Klicken Sie jetzt auf *Anmelden*, stellt WinSCP eine Verbindung her.

▷ **Warnungen beim Verbindungsaufbau**
Alle Sicherheitswarnungen beim Verbindungsaufbau können Sie einfach bestätigen. Sie brauchen keine Sicherheitsschlüssel, die Verbindung ist sicher. Sie läuft im lokalen Netzwerk und nicht über das Internet.

⑨ Nach wenigen Sekunden zeigt WinSCP einen eigenen Dateimanager in übersichtlicher Zwei-Fenster-Gestaltung. Das rechte Fenster zeigt das Home-Verzeichnis des Raspberry Pi, das linke die lokale Festplatte des PCs. Hier können Sie in beiden Richtungen Dateien kopieren. Der Dateimanager bietet komfortable Funktionen, um Verzeichnisse zu vergleichen oder zu synchronisieren, und zeigt auf dem Raspberry Pi in leichtem Grau auch die Dateien an, die Linux normalerweise versteckt. WinSCP verwendet übrigens die gleichen Tastenkombinationen wie der klassische Norton Commander, den viele noch aus DOS-Zeiten kennen werden.

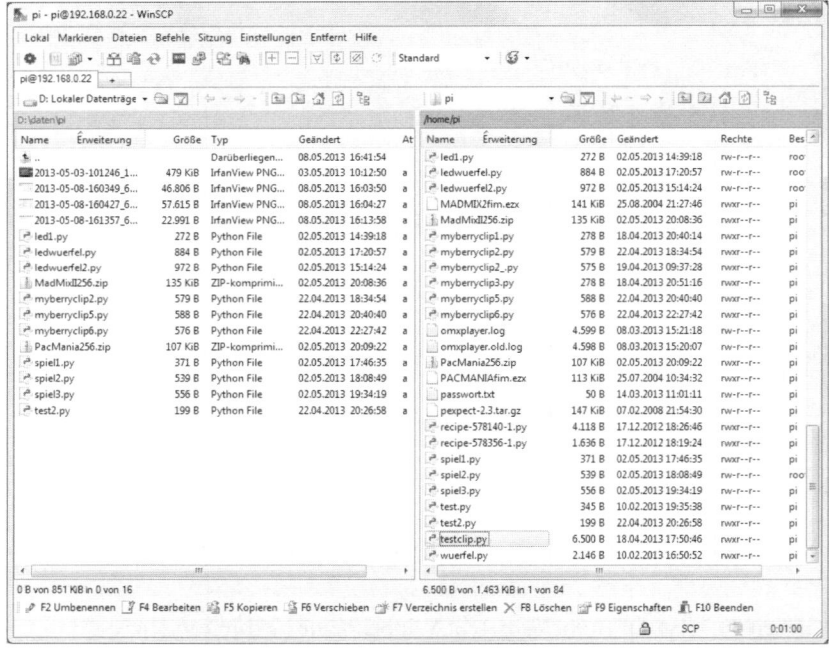

Bild 3.5: Datenübertragung zwischen PC und Raspberry Pi mit WinSCP.

 Verzeichnisstruktur beachten
Obwohl WinSCP es auch anders ermöglichen würde, kopieren Sie eigene Dateien auf den Raspberry Pi nur in das Verzeichnis */home/pi* und darunterliegende Verzeichnisse.

⑩ WinSCP speichert Adresse und Anmeldedaten. Beim nächsten Start brauchen Sie nur auf die gespeicherte Verbindung zu klicken und keine Daten mehr einzugeben. Das funktioniert auf diese Weise, solange der Raspberry Pi die gleiche IP-Adresse hat. Diese kann sich z. B. bei einem Reset des Routers ändern. Stellen Sie in diesem Fall wieder auf dem Raspberry Pi die IP-Adresse fest und ändern Sie sie in der Verbindung in WinSCP.

Datenübertragung mit Total Commander

Viele Windows-Nutzer sind mit dem vorinstallierten Explorer unzufrieden und längst auf einen komfortableren Dateimanager umgestiegen. Eines der beliebtesten derartigen Tools ist der Total Commander (*www.totalcommander.de*). Dieser kann auch zur Datenübertragung mit dem Raspberry Pi verwendet werden, man braucht nur ein SFTP-Plugin.

① Laden Sie bei *www.ghisler.com/dplugins.htm* das SFTP-Plugin herunter und installieren es im Total Commander. Zusätzlich sind einige DLL-Dateien erforderlich, deren Downloadlinks für 32 Bit Windows und 64 Bit Windows auf der Seite mit angegeben sind. Kopieren Sie diese in das Plugin-Verzeichnis des Total Commander.

② Richten Sie jetzt die Verbindung ein. Schalten Sie dazu eines der Fenster des Total Commander (im Beispiel das rechte) auf Netzwerkumgebung. Hier erscheint jetzt ein neuer Eintrag *Secure FTP*. Drücken Sie die Taste F7 . Damit wird in diesem Fall kein neues Verzeichnis, sondern eine Verbindung angelegt. Geben Sie dieser einen Namen, z. B. *RaspberryPi*.

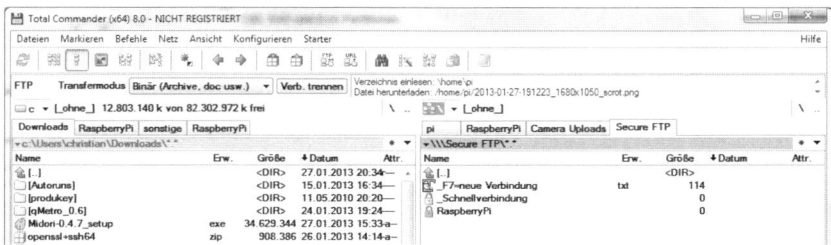

Bild 3.6: Total Commander mit Plugin *Secure FTP*.

③ Geben Sie im nächsten Dialogfeld die IP-Adresse, Benutzernamen und Kennwort des Raspberry Pi ein, wie weiter oben bei WinSCP beschrieben. Wählen Sie oben rechts *IPv4* aus und schalten Sie im unteren Bereich den Schalter *Benutze SCP für Transfers* ein. Schließen Sie dieses Dialogfeld anschließend mit *OK*.

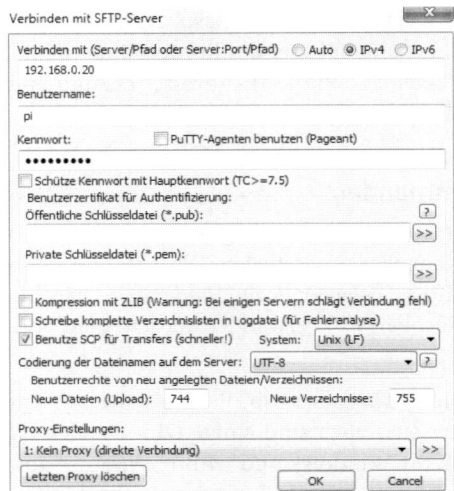

Bild 3.7: Verbindung zum Raspberry Pi im Total Commander einrichten.

④ Jetzt können Sie per Doppelklick die Verbindung aufbauen. Wechseln Sie auf dem Raspberry Pi in das Verzeichnis */home/pi,* und Sie können Dateien wie im Total Commander kopieren, umbenennen, verschieben und auch neue Verzeichnisse anlegen.

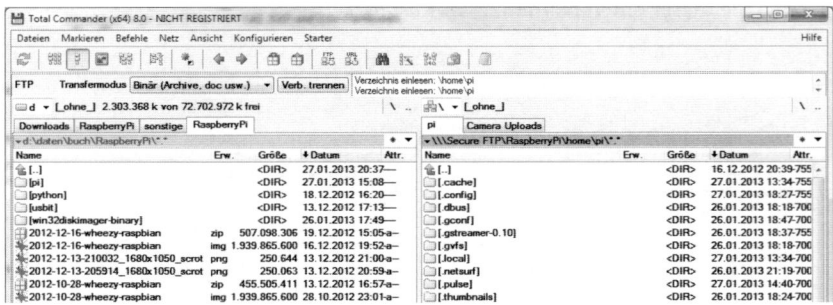

Bild 3.8: Verbindung mit dem Raspberry Pi im Total Commander.

Datensicherung für den Raspberry Pi

Um alle persönlichen Daten des Raspberry Pi auf dem PC zu sichern, kopieren Sie einfach das komplette Verzeichnis */home/pi* in ein neues Verzeichnis auf der Festplatte Ihres PCs.

Komplettsicherung der Speicherkarte

Beim Kopieren des Home-Verzeichnisses werden nur die Daten gesichert, nicht aber das Betriebssystem selbst. Sollte die Speicherkarte versagen, müssen Sie Betriebssystem und zuvor installierte Programme wieder neu installieren. Um dem vorzubeugen, hilft nur eine Komplettsicherung der Speicherkarte in eine Image-Datei. Ein einfaches Kopieren aller Daten kopiert den Bootblock nicht mit.

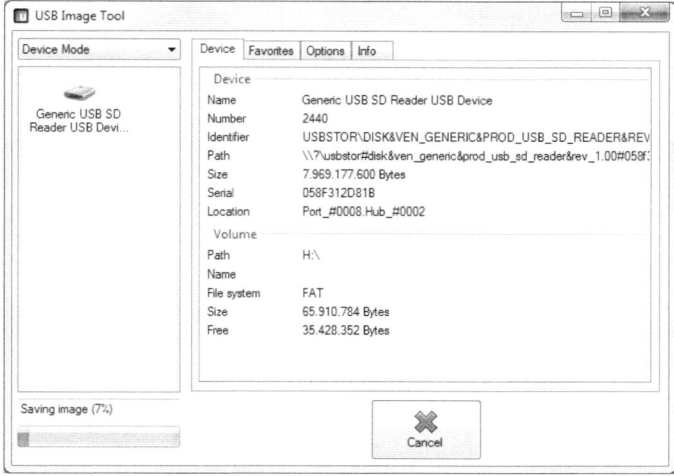

Bild 3.9: SD-Karte auf dem PC komplett sichern.

Das *USB Image Tool*, das bereits zum Beschreiben der Speicherkarte mit dem Betriebssystem verwendet wurde, kopiert auf einem Windows-PC eine Speicherkarte auch unabhängig von ihrer Partitionierung in eine komprimierte Image-Datei, aus der die Speicherkarte später wiederhergestellt werden kann. Auf diese Weise lassen sich auch fertig installierte Speicherkarten für den Raspberry Pi einfach kopieren.

Wählen Sie links die Speicherkarte und klicken Sie auf *Backup*. Geben Sie jetzt den Namen für die Sicherungsdatei an.

3.3   Vorinstallierte Programme in Raspbian

Raspbian liefert diverse Programme vorinstalliert mit. Einige davon sind speziell für den Bildungsbereich, für den der Raspberry Pi ursprünglich vorgesehen war. Dazu gehören unter anderem komplette Entwicklungsumgebungen für die Programmiersprachen Python und Scratch. Für den Alltagsnutzer sind eher die Webbrowser interessant.

Desktopverknüpfungen anlegen
Alle installierten Programme sind wie unter Windows im Startmenü eingetragen, einige wichtige auch auf dem Desktop. Sie können jederzeit selbst ein Programm vom Startmenü auf den Desktop bringen. Klicken Sie dazu im Startmenü mit der rechten Maustaste darauf und wählen Sie *Dem Desktop hinzufügen*.

Die Programme in den Untermenüs *Bildung*, *Entwicklung*, *Grafik* und *Internet* erklären sich von selbst. In den unteren Menüpunkten finden Sie einige spezielle Linux-Tools. Unter *Sonstige* tragen sich diverse Tools bei der Installation automatisch ein. Teilweise funktionieren sie auf dem Raspberry Pi nicht einmal direkt aus dem Menü, da Sie eine root-Anmeldung benötigen, der Benutzer root aber kein Passwort hat. Dieses Untermenü brauchen Sie nicht weiter zu beachten. Alle wichtigen Tools sind auch in anderen Untermenüs enthalten.

Startmenü Systemwerkzeuge

Das Untermenü *Systemwerkzeuge* enthält standardmäßig nur einen Eintrag, den *Taskmanager*. Hier sehen Sie alle laufenden Prozesse sowie die aktuelle CPU-Auslastung und Speicherbelegung.

Bild 3.10: Wählen Sie die abgebildeten Einstellungen, um die tatsächliche Speicherbelegung zu sehen.

Sollte ein Programm nicht mehr reagieren, suchen Sie es im Taskmanager, klicken mit der rechten Maustaste darauf und wählen im Kontextmenü *Beenden*. Sollte das nicht helfen, wählen Sie *Kill*.

 Vorsicht beim Beenden von Prozessen

Beenden Sie nur Prozesse, die wirklich nicht mehr reagieren, und niemals Prozesse, die Sie nicht kennen. Dies könnte der Stabilität des Betriebssystems erheblich schaden. Sicherheitshalber sollten Sie, wenn Sie vorhaben, Prozesse über den Taskmanager zu beenden, im Menü *Ansicht* nur die eigenen Prozesse anzeigen lassen.

Startmenü Zubehör

Interessante Tools für den Alltag finden sich im Untermenü *Zubehör*. Die meisten dieser Tools sind ihren Geschwistern aus der Windows-Welt so ähnlich, dass sich jeder PC-Nutzer leicht damit zurechtfinden wird.

▶ Bildbetrachter

Der Bildbetrachter zeigt alle gängigen Bildformate an, bietet Funktionen zum Zoomen, Drehen und Spiegeln des Bildes sowie eine automatische Diaschau.

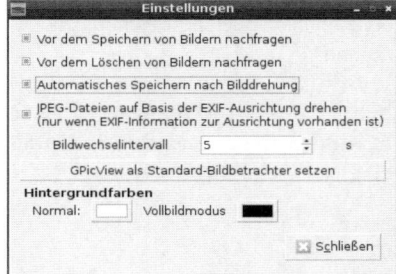

Bild 3.11: In den Einstellungen des Bildbetrachters können Sie das automatische Speichern in der neuen Ausrichtung nach einer Bilddrehung festlegen.

▶ Dateimanager

Der *Dateimanager* zeigt ähnlich wie der Explorer unter Windows alle Dateien auf dem Raspberry Pi, angeschlossenen Laufwerken und auch verbundenen Netzwerklaufwerken an. Noch schneller als über das Startmenü starten Sie den Dateimanager über die Anwendungsstartleiste unten links oder mit der Tastenkombination Win + E wie unter Windows.

▶ Debian-Referenz

Die Debian-Referenz wird im schlanken, schnellen Dillo-Browser geöffnet und bietet eine umfassende Übersicht über Debian-Linux und seine Kommandozeilenbefehle. Ein Nachteil: Diese Referenz ist in englischer Sprache. Ein Vorteil: Sie liegt offline auf der Speicherkarte vor.

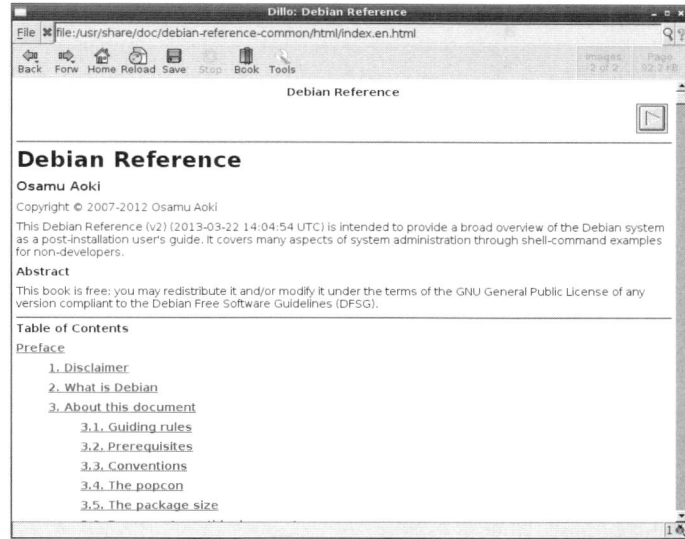

Bild 3.12:
Die bei Raspbian mitgelieferte Debian-Referenz

Eine deutschsprachige Version der Debian-Referenz finden Sie bei: *bit.ly/debianref.*

▶ Galculator

Der *Galculator*, eine Abkürzung für GTK2 Calculator, ist ein komfortabler wissenschaftlicher Taschenrechner, der unter anderem auch im Hexadezimal-, Oktal- und Binärsystem rechnen kann. Auf Wunsch lässt sich die Eingabe auf umgekehrt polnische Notation (RPN) umstellen.

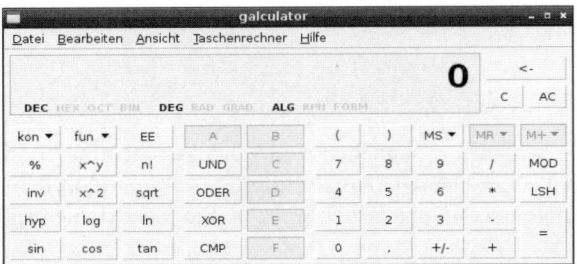

Bild 3.13:
Der Galculator in der
wissenschaftlichen Ansicht.

▶ Leafpad

Leafpad ist ein komfortabler Texteditor zum Bearbeiten reiner ASCII-Dateien, wie sie unter Linux häufig zur Konfiguration diverser Einstellungen genutzt werden. Leafpad ist in den Kontextmenüs aller unterstützten Dateitypen enthalten, sodass Sie das Programm nur selten über das Startmenü aufrufen müssen. Viel einfacher geht es mit einem Rechtsklick auf die zu bearbeitende Datei.

▶ LXTerminal

Im *LXTerminal* geben Sie Linux-Kommandozeilenbefehle ein. Dabei können Sie ähnlich wie in einem Webbrowser mehrere Registerkarten, hier als *Reiter* bezeichnet, nutzen. Auf diese Weise können mehrere Programme gleichzeitig laufen.

 Einfacher Aufruf der letzten Befehle

Mit den Pfeiltasten ⌊↓⌋ und ⌈↑⌉ blättern Sie zwischen den zuletzt verwendeten Befehlszeilen. Auf diese Weise können Sie einen früher verwendeten Befehl schnell wieder nutzen, besonders wenn dieser durch diverse angehängte Parameter schwer zu merken war. Diese Befehlsliste wird ständig gespeichert und steht auch nach einem Neustart wieder zur Verfügung.

Bild 3.14: Drücken Sie nach der Eingabe einiger Buchstaben die ⎡Tab⎦-Taste, werden alle Linux-Befehle, die mit dieser Zeichenfolge anfangen, aufgelistet.

▶ Root Terminal

Das *Root Terminal* ist ein Kommandozeilenfenster, in dem man automatisch mit root-Rechten angemeldet ist. Verwenden Sie dies nur, wenn Sie wirklich root-Rechte brauchen. Sie ersparen Sich damit zwar die Eingabe von sudo vor jedem Befehl, sind aber ständig der Gefahr ausgesetzt, versehentlich systemkritische Aktionen auszulösen.

▶ Xarchiver

Xarchiver ist ein vielseitiger Packer und Entpacker, der außer dem unter Windows üblichen ZIP-Format auch alle anderen gängigen Archivformate unterstützt: *arj, bzip2, gzip, lha, lzma 7z, rar, tar, tar.bz2, tar.gz, tar.lzma, tar.lzop, zip.* Linux-Pakete in den Formaten *deb* und *rpm* lassen sich öffnen, aber nicht neu anlegen.

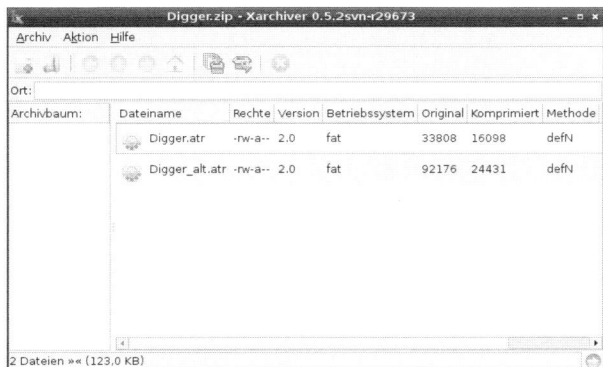

Bild 3.15: Anzeige eines zip-Archivs in Xarchiver.

Xarchiver ist in den Kontextmenüs aller unterstützten Dateitypen enthalten und meist auch als Standardanwendung eingetragen, sodass Sie das Programm nur selten über das Startmenü aufrufen müssen. Viel einfacher geht es mit einem Doppelklick auf die zu bearbeitende Datei.

3.4   Eigene Hintergrundbilder für den Desktop

Das Hintergrundbild des Bildschirms, sei es auf dem PC, auf dem Handy oder auch auf dem Raspberry Pi, ist ein höchst emotionales Thema. Die einen vertreten äußerst vehement die Meinung, der Bildschirmhintergrund sei das Unwichtigste überhaupt, anderen liegt dieses Bild so am Herzen, dass es je nach Tageslaune ständig geändert werden muss.

Natürlich können Sie sich auch auf dem Raspberry Pi anstelle der schlichten Himbeere eine andere Grafik, ein Strandmotiv oder einen ganzen Himbeerkuchen als Hintergrund auf den Desktop legen.

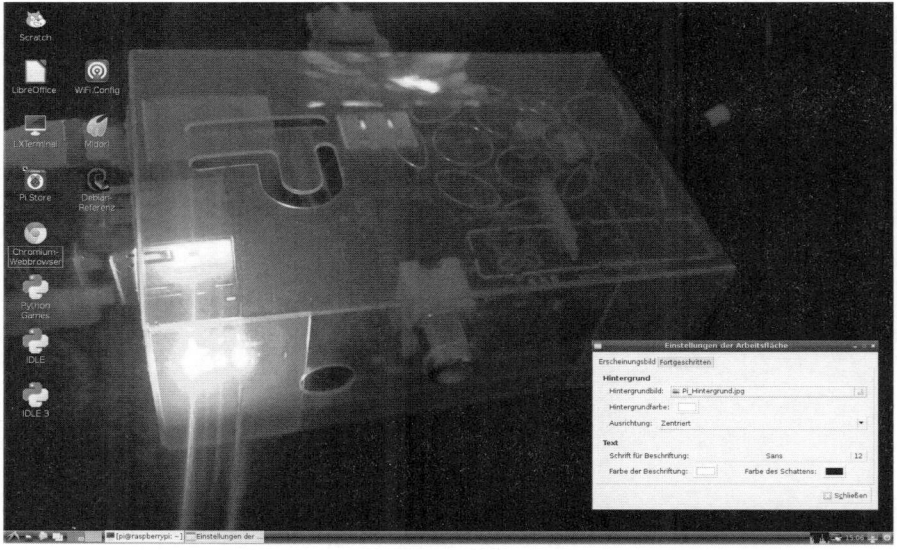

Bild 3.16: Raspbian-Desktop mit persönlichem Hintergrundbild.

Übrigens ...

... hat auch Microsoft bei der Veröffentlichung von Windows 7 die Wichtigkeit dieses Themas erkannt und in der billigsten Version, der Starter-Edition, die Möglichkeit, das Hintergrundbild zu verändern, entfernt. Allein das sollte für einige Nutzer ein Anreiz sein, sich eine höherwertige Version zu kaufen.

Idealerweise hat das Hintergrundbild, wenn es sich nicht um ein kleines Logo handelt, sondern den ganzen Desktop bedecken soll, auch genau dessen Auflösung. Es ergibt keinen Sinn, ein Originalfoto einer hochauflösenden Digitalkamera mit mehreren Megapixeln Auflösung jedes Mal vom Raspberry Pi auf Monitorauflösung herunterskalieren zu lassen.

1. Skalieren Sie das gewünschte Foto zunächst am PC auf die vom Raspberry Pi verwendete Bildschirmauflösung.

Bild 3.17: Die aktuelle Bildschirmauflösung finden Sie auf dem Raspberry Pi über das Startmenü *Einstellungen / Bildschirmeinstellungen*.

2. Übertragen Sie dann das Bild im png- oder jpg-Format in Ihr Home-Verzeichnis auf dem Raspberry Pi.

3. Klicken Sie mit der rechten Maustaste auf den Desktop und wählen Sie im Kontextmenü *Einstellungen der Arbeitsfläche*.

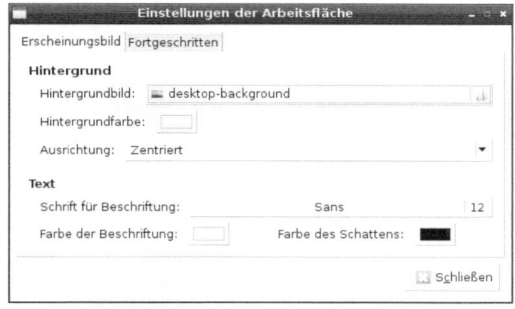

Bild 3.18:
Der LXDE-Desktop bietet verschiedene Einstellungen für die Arbeitsfläche.

④ Klicken Sie hier auf *desktop-background*, den Namen des aktuellen Hintergrundbildes. Im nächsten Fenster wählen Sie Ihr gewünschtes Hintergrundbild aus. Über das linke Seitenfenster kommen Sie schnell in Ihr Home-Verzeichnis *pi*. Sie können oben auf einen Spaltentitel klicken, um die Liste neu zu sortieren, z. B. nach Änderungsdatum.

⑤ Wählen Sie das neue Hintergrundbild aus und klicken Sie auf *Öffnen*. Das Bild wird sofort als Desktophintergrund angezeigt.

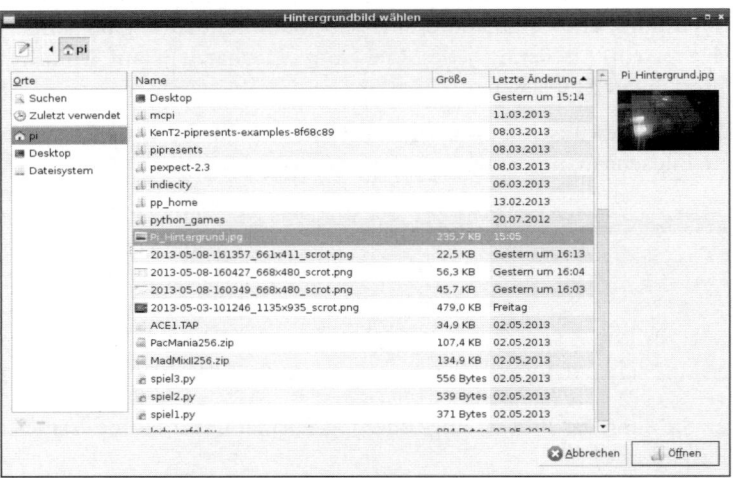

Bild 3.19: Ein angeklicktes Bild wird rechts im Fenster als Vorschau angezeigt.

⑥ Das Dialogfeld *Einstellungen der Arbeitsfläche* bleibt geöffnet. Hier können Sie jetzt noch die *Ausrichtung* wählen. Dabei stehen verschiedene Optionen zur Wahl:

Ausrichtung für Hintergrundbilder	
mit Hintergrundfarbe füllen	Es wird kein Bild dargestellt. Der ganze Desktop wird mit der ausgewählten Hintergrundfarbe gefüllt.
Bildschirm füllen	Das Bild wird so skaliert, dass es den gesamten Bildschirm ohne freie Ränder ausfüllt. Dabei kann sich unter Umständen das Seitenverhältnis ändern.

Ausrichtung für Hintergrundbilder	
Skalieren	Das Bild wird so skaliert, dass es den Bildschirm in der Höhe oder Breite ausfüllt, aber das Seitenverhältnis unverändert bleibt. Freie Flächen an den Rändern werden mit der ausgewählten Hintergrundfarbe gefüllt.
Zentriert	Das Bild wird in Originalgröße dargestellt. Freie Flächen an den Rändern werden mit der ausgewählten Hintergrundfarbe gefüllt.
Kacheln	Ist das Bild kleiner als der Bildschirm, wird es nach rechts und unten gekachelt wiederholt.

Hat das Bild genau die Auflösung des Bildschirms, gibt es keinen Unterschied zwischen den verschiedenen Ausrichtungen. Das originale Raspberry-Pi-Hintergrundbild liegt im Verzeichnis */etc/alternatives*. Der LXDE-Desktop liefert weitere Hintergrundbilder im Verzeichnis */usr/share/lxde/wallpapers*. Beide Systemverzeichnisse sind für den Benutzer `pi` schreibgeschützt. Möchten Sie der Übersichtlichkeit halber Ihre eigenen Hintergrundbilder auch dort ablegen, müssen Sie sie mit root-Berechtigung dorthin kopieren, z. B.:

```
sudo cp ./meinbild.png /etc/alternatives
```

Viele Raspberry-Pi-Fans haben in der letzten Zeit eigene Hintergrundbilder mit Raspberry-Pi-Motiven entworfen und bieten sie zum Download an. Eine gute Quelle ist das Künstlerportal deviantART, wo sich diverse Hintergrundbilder in verschiedenen HDMI-Auflösungen finden lassen: *bit.ly/11L7UxU*

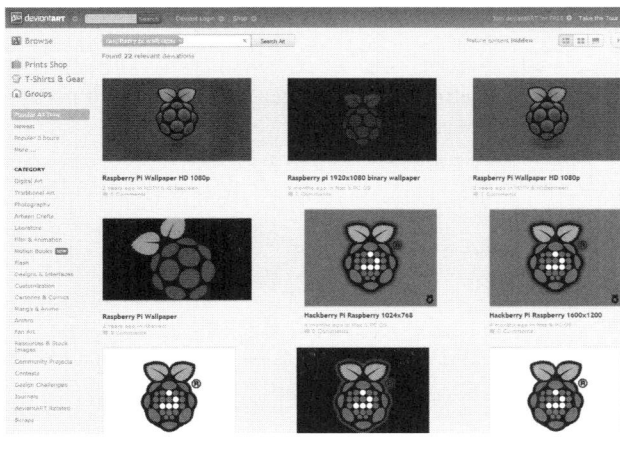

Bild 3.20:
Verschiedene
Hintergrundbilder mit
Raspberry-Pi-Motiven
bei deviantART.

3.5   Via WLAN-Stick im lokalen Netzwerk

In vielen Fällen ist es bequemer, den Raspberry Pi nicht über ein Netzwerkkabel, sondern per WLAN mit dem lokalen Netzwerk bzw. mit dem Internet zu verbinden. Das Raspbian-Betriebssystem bringt bereits grundlegende Unterstützung für WLAN mit. Allerdings ist das Angebot verschiedener WLAN-USB-Sticks unüberschaubar, und längst nicht für jeden Stick sind Linux-Treiber verfügbar. Viele Hardwarehersteller sind heute noch der Ansicht, Windows sei das einzige Betriebssystem auf der ganzen Welt.

Bild 3.21: Raspberry Pi mit WLAN-Stick LogiLink WL0084B.

Nur zwei USB-Ports
Der WLAN-Stick belegt einen USB-Port. Wenn Sie gleichzeitig Maus und Tastatur betreiben wollen, benötigen Sie entweder einen USB-Hub (möglichst mit eigener Stromversorgung) oder eine Tastatur mit zusätzlichem USB-Anschluss für die Maus.

Nach der Recherche in diversen Internetforen und einigen eigenen Tests funktionieren folgende WLAN-Sticks am Raspberry Pi:

Raspberry-Pi-kompatible WLAN-Sticks	
3com	3CRUSB10075
Allnet	ALL0234MINI Wireless N 150Mbit
Asus	USB N10, USB N13
Conrad	WLAN Stick N150
D-Link	DWL-G122 G 54
EDIMAX	EW-7811 UN
IOGear	GWU625

Raspberry-Pi-kompatible WLAN-Sticks	
LogiLink	WL0084B
Netgear	N150, WG111
Realtek	8188CU Wireless USB 11N Nano Adaptor 802.11N
Tenda	USB 11n, Wireless-N150 W311M
TP-Link	TL-WN722N
Zyxel	NWD2015

Ob ein bestimmter WLAN-Stick von Raspbian unterstützt wird, hängt im Wesentlichen von dem im Stick verbauten Chipsatz ab. Bei WLAN-Sticks, die nicht in dieser Tabelle stehen, haben Sie eine gute Chance auf Kompatibilität, wenn der Stick den 8188CU-Chipsatz von Realtek verwendet. Der eingebaute Chipsatz ist üblicherweise auf dem Datenblatt und oft auch auf der Verpackung des WLAN-Sticks angegeben.

Wenn Sie den Typ Ihres WLAN-Sticks nicht genau kennen, geben Sie in einem LXTerminal-Fenster lsusb ein. Damit lassen sich die Produktbezeichnungen angeschlossener USB-Geräte finden.

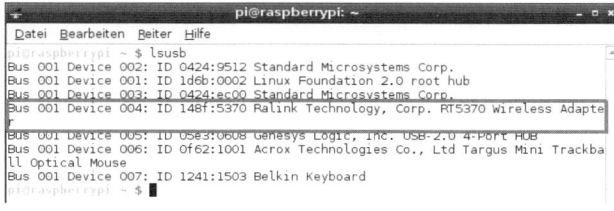

Bild 3.22:
lsusb liefert Daten zu
angeschlossenen USB-
Geräten.

Vor der ersten Verwendung des WLAN-Sticks müssen Treiber installiert werden. Dies funktioniert weitgehend automatisch, allerdings muss der Raspberry Pi dazu in dieser Zeit noch über ein Netzwerkkabel mit dem Internet verbunden sein.

1 Starten Sie den Raspberry Pi mit angeschlossenem Netzwerkkabel und eingestecktem WLAN-Stick. Die Treiber werden automatisch während des Bootens installiert.

2 Klicken Sie doppelt auf das vorinstallierte Symbol *WiFi Config* auf dem Raspbian-Desktop. Wurde der WLAN-Stick korrekt erkannt und geeignete Treiber

gefunden, erscheint im oberen Feld des Fensters *wpa_gui* ein Name für den WLAN-Adapter, meistens *wlan0*.

❸ Trennen Sie jetzt das Netzwerkkabel und klicken Sie auf *Scan*. Der WLAN-Stick sucht drahtlose Netzwerke in der Umgebung.

❹ Klicken Sie doppelt auf das Netzwerk, mit dem Sie sich verbinden wollen. Es öffnet sich ein neues Fenster mit den Eigenschaften dieses Netzwerkes, bei dem Sie den Schlüssel eingeben müssen. Manchmal wird das vom Netzwerk verwendete Authentisierungsverfahren nicht richtig erkannt. Sollte die Verbindung nicht zustande kommen, wählen Sie in der Liste *Authentication* die verwendete Methode. Bei den meisten WLANs ist das heute *WPA2-Personal (PSK)*. Geben Sie dafür den Schlüssel im Feld *PSK* ein.

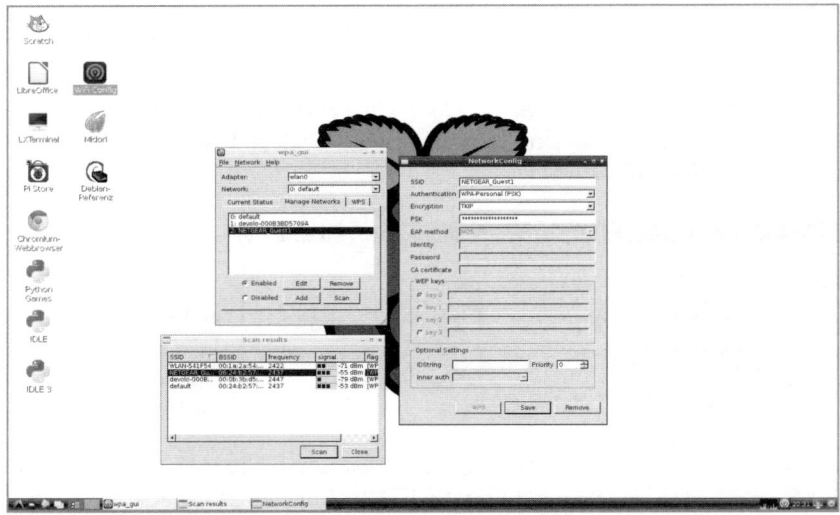

Bild 3.23: Nach automatischer Installation der Treiber ist die WLAN-Verbindung auf dem Raspberry Pi leicht eingerichtet.

❺ Nachdem die Verbindung aufgebaut wurde, sehen Sie im Dialogfeld *wpa_gui* Ihre IP-Adresse. Mit den Schaltflächen *Connect* und *Disconnect* lässt sich die WLAN-Verbindung jederzeit herstellen oder trennen.

❻ Auf diese Weise können Sie für mehrere WLANs die Daten eintragen und über das Listenfeld *Network* zwischen diesen hin und her schalten. Auf der Registerkarte *Manage Networks* lassen sich die gespeicherten Netzwerke nachträglich bearbeiten.

WLAN-Konfiguration in der Taskleiste
Wurde *WiFi Config* einmal eingerichtet, steht es in Zukunft als Symbol rechts unten in der Taskleiste neben der Uhr zur Verfügung. Mit einem Klick greifen Sie direkt auf die im Hintergrund laufende Konfigurations-oberfläche zu. Das Symbol auf dem Desktop würde das Konfigurationstool ein zweites Mal starten.

3.6 Mehr Leistung durch Speichertuning

Aktuelle Geräte des Raspberry Pi Modell B haben zwar insgesamt 512 MB Speicher, aber von denen wird ein erheblicher Teil für die GPU abgezweigt, was bei einem PC dem Grafikkartenspeicher entspricht. So bleibt für den Benutzer deutlich weniger. Besonders eng wird es beim Modell A oder älteren Versionen des Modell B, die nur mit 256 MB RAM ausgeliefert wurden, von denen nach Abzug des Grafikspeichers für den Benutzer gerade noch 184 MB bleiben. Zum Glück bietet das Raspbian-OS eine Tuningmöglichkeit an, um die Speicheraufteilung den genutzten Anwendungen anzupassen. Um die tatsächliche Speicherbelegung zu ermitteln, starten Sie über den Startmenüeintrag *Systemwerkzeuge* den *Taskmanager*. Schalten Sie dort im Menü *Ansicht* die Schalter wie in der folgenden Abbildung:

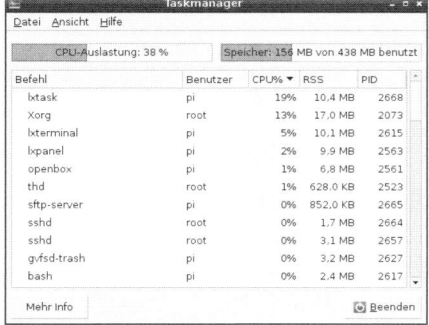

Bild 3.24: Diese Einstellungen zeigen den tatsächlich freien und belegten Speicher im Taskmanager.

Sehen Sie, statt wie hier abgebildet 438 MB, nur 184 MB Gesamtspeicher, haben Sie einen Raspberry Pi mit 256 MB, bei dem 64 MB für den Grafikspeicher abgezweigt sind. Öffnen Sie ein paar Programme, und Sie können direkt mitverfolgen, wie der Speicher zur Neige geht.

Je nach Verwendung des Raspberry Pi können Sie im Konfigurationsprogramm *raspi-config* die Speicheraufteilung zwischen RAM und Grafikspeicher verändern. Läuft der Raspberry Pi ausschließlich als Server für Daten oder Webdienste, wird so gut wie kein Grafikspeicher benötigt, sollen dagegen Videos abgespielt werden, muss erheblich mehr Grafikspeicher reserviert werden, als im typischen Linux-Desktopbetrieb. Nach Änderung der Speicheraufteilung müssen Sie den Raspberry Pi neu starten.

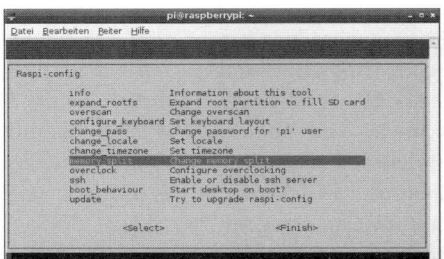 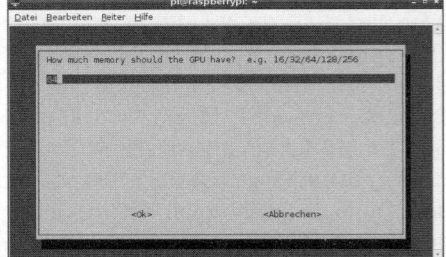

Bild 3.25: Im Bereich *memory_split* legen Sie fest, wie viel Speicher für die Grafik reserviert wird.

Die Tabelle zeigt Richtwerte für den Grafikspeicher bei verschiedenen Anwendungsszenarien für Geräte mit 512 MB RAM und 256 MB RAM:

Anwendung	512 MB RAM	256 MB RAM
HD-Videos abspielen und decodieren, Videostreaming, grafiklastige Anwendungen und Spiele	256 MB	128 MB
Normale Mischnutzung als PC mit grafischer Oberfläche und gelegentlich als Media-Center	128 MB	64 MB
Reiner Serverbetrieb ohne grafische Oberfläche	16 MB	16 MB

4 Programme aus dem Pi Store installieren

Auf dem Raspberry Pi lassen sich per Kommandozeilenbefehl `apt-get install` verschiedenste Programme installieren, aber das ist wie auf allen Linux-Computern mit einiger Kenntnis der Paketnamen und Abhängigkeiten verbunden. Das dachten sich auch die Entwickler des Raspberry Pi und bauten den Pi Store, eine Art App-Store, wie man ihn von Handys kennt. Dort sucht man sich ein Programm aus und installiert es mit einem Klick, ohne sich um Dateinamen und Verzeichnisstrukturen kümmern zu müssen.

Ein Laden, in dem Sie nicht bezahlen müssen
Der Name *Store* hört sich verwirrend an, allerdings sind die meisten Anwendungen in diesem Laden kostenlos. Das Wort *Store* hat sich seit dem ersten AppStore auf dem iPhone für diese Art vorinstallierter Downloadarchive durchgesetzt, die seit Windows 8 auch auf dem PC Einzug gehalten haben.

Pi Store

Der Pi Store ist auf aktuellen Versionen des Raspbian-Betriebssystems vorinstalliert. Falls Sie noch eine ältere Version ohne Pi Store verwenden, laden Sie sich den notwendigen Downloadclient herunter.

```
sudo apt-get update
sudo apt-get install pistore
```

Auf der Webseite *store.raspberrypi.com* können Sie auch das gesamte Angebot des Pi Store durchstöbern.

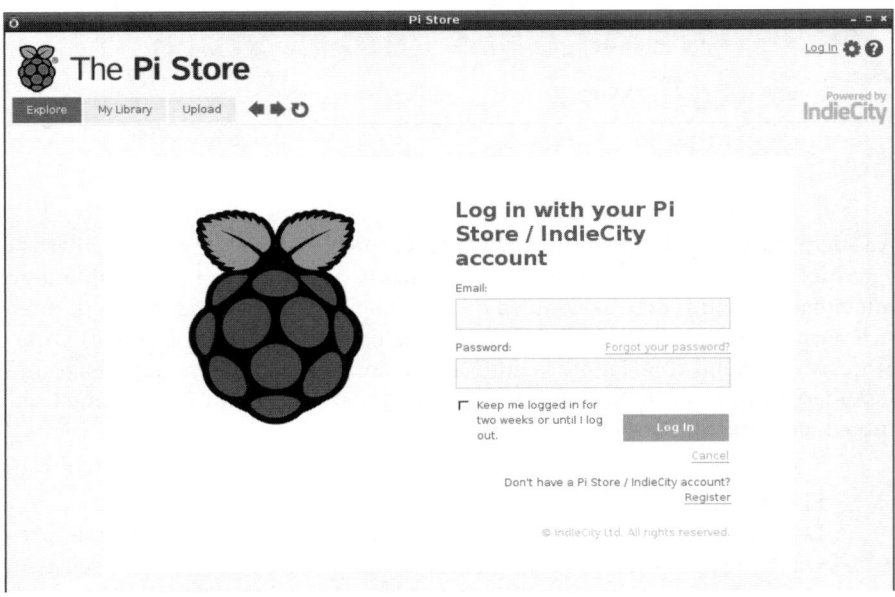

Bild 4.1: Anmeldung für den Pi Store.

Um den Pi Store nutzen zu können, legen Sie sich über den Link *Register* auf der Startseite ein kostenloses Benutzerkonto an. Dazu ist eine gültige E-Mail-Adresse nötig – eine, die Sie auf dem Raspberry Pi selbst oder auf einem PC oder Smartphone in der Nähe auslesen können. Denn zur Anmeldung muss eine E-Mail bestätigt werden. Sollten Sie bereits ein Benutzerkonto bei *IndieCity*, dem Betreiber des Pi Store haben, können Sie dieses auch hier verwenden.

Nach der Anmeldung sehen Sie das Angebot des Pi Store, das zurzeit noch nicht besonders umfangreich ist, aber sehr interessante Anwendungen und Spiele speziell für den Raspberry Pi enthält. Ein Klick auf eines der Vorschaubilder zeigt eine Programmbeschreibung und oft auch weitere Bilder sowie Links auf die Webseiten der Entwickler. Ein Klick auf *Download* lädt das gewünschte Programm herunter und installiert es auch gleich.

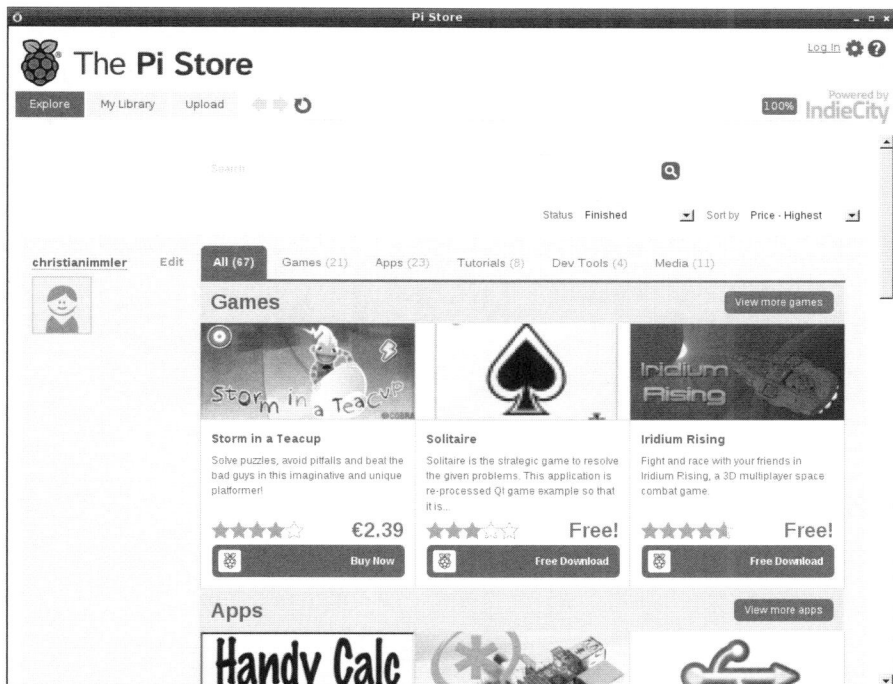

Bild 4.2: Das aktuelle Angebot des Pi Store.

Die meisten Programme, aber nicht alle, tragen sich bei der Installation automatisch ins Startmenü ein oder legen ein Symbol auf dem Desktop an. Installierte Programme ohne Startmenüeintrag sind unter Linux bei weitem nicht so leicht zu finden wie auf einem Windows PC. Deshalb zeigt der Pi Store unter *My Library* oben links eine Liste aller aus dem Store installierten Programme und Spiele. Wählen Sie hier ein Programm aus und klicken Sie rechts auf *Launch*, um es zu starten. Mit dem Button *Delete* können Sie es auch sauber und rückstandsfrei deinstallieren, ohne die verwendeten Linux-Pakete kennen zu müssen.

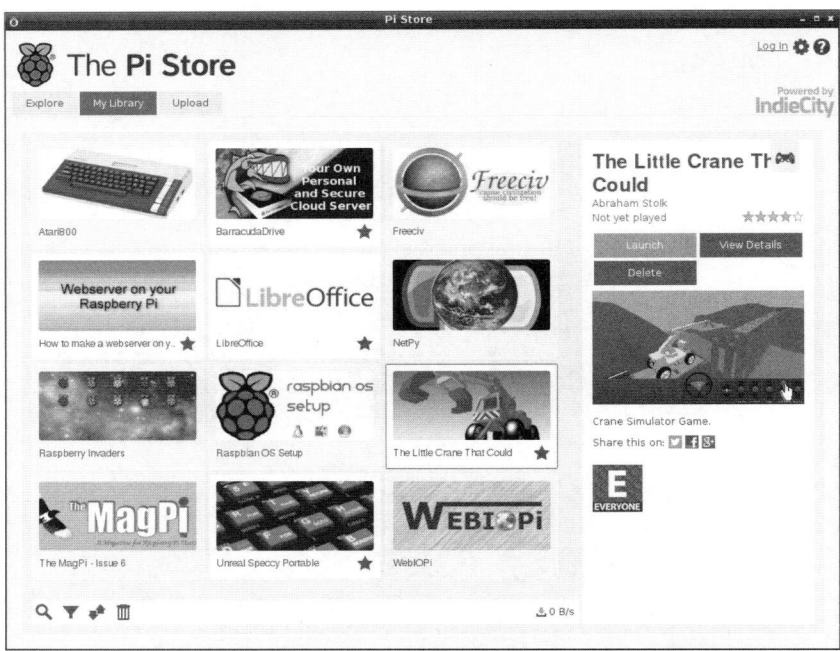

Bild 4.3: *My Library* enthält alle aus dem Pi Store installierten Programme.

4.1   Paketinstallation und Softwareaktualisierung

Linux wird ständig weiterentwickelt. Dabei gibt es nicht, wie bei kommerziellen Programmen, große Versionssprünge mit neuen Versionsnummern, sondern es werden einzelne Komponenten unabhängig voneinander aktualisiert. Gerade eine Distribution wie Debian, auf dem Raspbian basiert, an der Hunderte von Entwicklern beteiligt sind, erfährt alle paar Tage eine Änderung. Noch wichtiger als bei den Distributionen, die von einer Firma verwaltet werden, ist hier eine übersichtliche Verwaltung der einzelnen Pakete. Debian liefert zu diesem Zweck das Paketverwaltungssystem *apt-get* mit, über das einzelne Programmpakete aktualisiert und auch zusätzliche Programme installiert werden können.

Die Bedienung von apt-get erfolgt über die Konsole. Dazu werden root-Rechte benötigt. Rufen Sie also die Befehle immer mit `sudo apt-get ...` im LXTerminal auf, oder verwenden Sie gleich das *Root Terminal* aus dem Startmenü unter *Zubehör*.

Die Paketverwaltung apt-get bietet diverse Optionen. Die wichtigsten sind apt-get update und apt-get install.

○ apt-get update liest die neuesten Paketlisten ein, damit die Möglichkeit besteht, aktuelle Versionen der Pakete herunterzuladen und zu installieren. Die Pakete selbst werden dabei nicht aktualisiert. Dazu verwendet man apt-get upgrade.

○ apt-get install [Paketname] installiert ein neues Paket. Dazu muss der Paketname bekannt sein. Abhängige Pakete werden automatisch mit installiert.

Zeit nehmen für erstes Upgrade
Seit der Veröffentlichung der letzten Raspbian-Version wurden zahlreiche Pakete aktualisiert. Nehmen Sie sich für das erste Upgrade Zeit. Die Komplettaktualisierung aller Pakete kann beim ersten Mal über eine Stunde dauern.

apt-get-Befehlsoption	Wirkung
update	Neue Paketinformationen holen
upgrade	Upgrade (Paketaktualisierung) durchführen
install	Neue Pakete installieren
remove	Pakete entfernen
autoremove	Alle nicht mehr verwendeten Pakete automatisch entfernen
purge	Pakete vollständig entfernen (inkl. Konfigurationsdateien)
source	Quellarchive herunterladen
build-dep	Bauabhängigkeiten für Quellpakete konfigurieren
dist-upgrade	Upgrade (Paketaktualisierung) für die komplette Distribution durchführen
dselect-upgrade	Der Auswahl von »dselect« folgen
clean	Heruntergeladene Archive löschen
autoclean	Veraltete heruntergeladene Archive löschen
check	Überprüfen, ob es unerfüllte Abhängigkeiten gibt

apt-get-Befehlsoption	Wirkung
changelog	Änderungsprotokoll für das angegebene Paket herunterladen und anzeigen
download	Das Binärpaket in das aktuelle Verzeichnis herunterladen

Die Tabelle beschreibt die weiteren Optionen von *apt-get*.

4.2 Synaptic, wenn es einfach schnell gehen soll

Die kommandozeilenbasierte Paketverwaltung *apt-get* eignet sich gut für skriptgesteuerte automatisierte Prozesse, ist aber alles andere als benutzerfreundlich. Wesentlich mehr Komfort und Möglichkeiten bietet die grafische Paketverwaltung *Synaptic*, die auch auf dem Raspberry Pi läuft, aber erst installiert werden muss:

```
sudo apt-get update
sudo apt-get install synaptic
```

Nach der Installation trägt sich Synaptic automatisch im Startmenü unter *Einstellungen* ein. Von dort können Sie es aufrufen, ohne LXTerminal zu benötigen. Beim Start müssen Sie sich einmal mit dem Passwort raspberry autorisieren.

Synaptic bietet eine gute Übersicht über installierte Pakete und deren Abhängigkeiten. Alle Befehle wie *Installation*, *Deinstallation* oder *vollständige Entfernung* werden zunächst zur Ausführung vorgemerkt und dann unbeaufsichtigt alle nacheinander ausgeführt. Die Installation mehrerer großer Pakete kann durch Abhängigkeiten mit anderen Paketen manchmal sehr lange dauern.

Klicken Sie beim ersten Start von Synaptic einmal auf den Button *Neu laden* links oben, um die lokale Paketdatenbank zu aktualisieren.

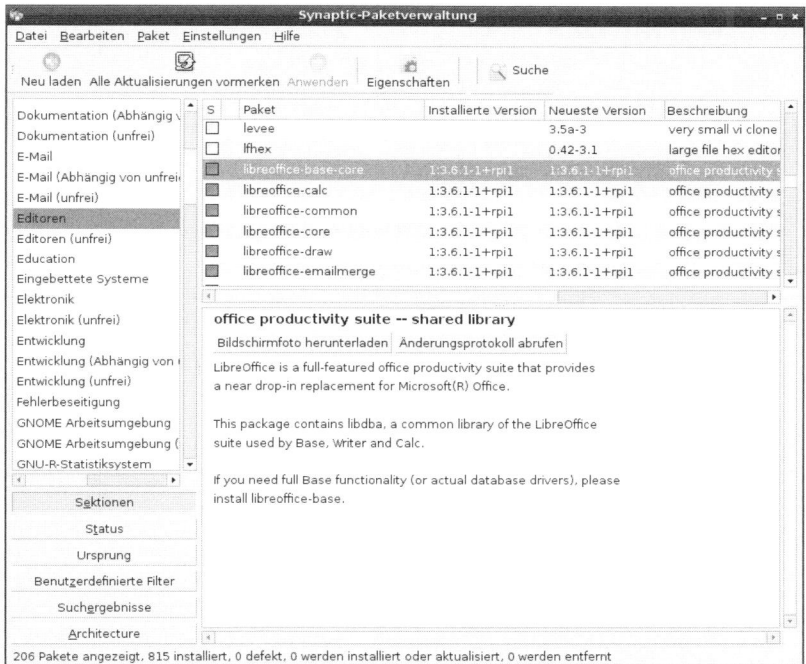

Bild 4.4: Installierte Pakete werden in der grafischen Paketverwaltung Synaptic mit einem grünen Symbol angezeigt.

Später suchen Sie mit Hilfe der integrierten Suchfunktion komfortabel nach Paketen und installieren Sie dann.

4.3 Gestatten, Iceweasel – ich vertrete Firefox

Fans des beliebten Firefox-Browsers suchen diesen auf dem Raspberry Pi vergeblich. Es gibt aber mit Iceweasel in der Synaptic-Paketverwaltung eine vergleichbare Software, die auf der gleichen Browserengine wie Firefox basiert. Markieren Sie diesen zur Installation, werden automatisch noch ein paar weitere Pakete zur Installation vorgemerkt und später automatisch mit installiert. Merken Sie auch noch das deutsche Sprachpaket *iceweasel-l10n-de* zur Installation vor und installieren Sie danach die vorgemerkten Pakete. Nach der Installation finden Sie den Iceweasel-Browser im Startmenü unter *Internet*.

Bild 4.5: Der Iceweasel-Browser sieht nicht nur auf den ersten Blick aus wie Firefox.

Der Markenstreit um Mozilla

Debian, die Linux-Distribution, auf der Raspbian basiert, vertritt eine sehr strenge Politik, was freie Software angeht. In den Debian-Software-repositories sind nur Pakete enthalten, die vollständig frei verteilt werden dürfen. Da Mozilla, der Hersteller von Firefox, aber unfreie Lizenzen zum Schutz seiner Icons und Logos nutzt, entspricht Firefox nicht den Debian Free Software Guidelines. In diesem Zusammenhang gab es immer wieder Streitigkeiten zwischen Debian und Mozilla, sodass sich Debian vor einigen Jahren entschloss, den Firefox-Browser mit eigenen Icons und Logos unter dem Namen Iceweasel in seine Linux-Distribution zu integrieren, aus Thunderbird wurde Icedove, aus SeaMonkey wurde Iceape. Alle auf Debian basierenden Linux-Distributionen verwenden diese Varianten der Mozilla-Programme.

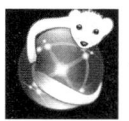  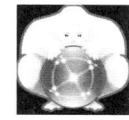

Bild 4.6: Die Icons von Iceweasel, Icedove und Iceape.

Auf dem Raspberry Pi mit seinen knappen Hardwareressourcen läuft Iceweasel leider nicht so flüssig wie der Midori-Browser, bietet dafür aber den vollen Komfort von Firefox und auch dessen Erweiterungsmöglichkeiten über Add-ons.

Durch die Installation des deutschen Sprachpakets wird die Oberfläche automatisch auf Deutsch eingestellt. Sorgen Sie jetzt noch dafür, dass der Browser bei mehrsprachigen Webseiten auch die deutsche Version anzeigt. Wählen Sie dazu im Menü *Bearbeiten* die *Einstellungen* und klicken dort auf der Seite *Inhalt* auf den Button *Wählen* bei *Sprachen*. Wenn *Deutsch [de]* noch nicht in der Liste steht, klicken Sie auf *Wählen Sie eine Sprache zum Hinzufügen aus...* und wählen Sie dort *Deutsch [de]*. Klicken Sie auf *Hinzufügen*, markieren Sie dann *Deutsch [de]* und klicken Sie so oft auf *Nach oben*, bis es ganz oben in der Liste steht. Verlassen Sie anschließend die Dialogfelder mit OK.

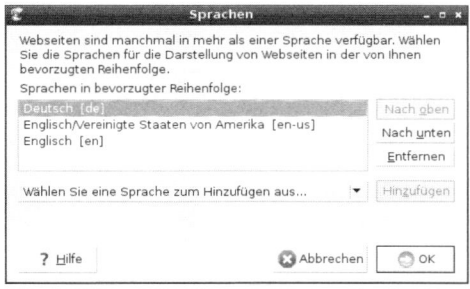

Bild 4.7: Mit dieser Einstellung zeigt Iceweasel bevorzugt deutsche Versionen von Webseiten an.

Datenabgleich zwischen Iceweasel und Firefox

Nutzen Sie auf dem PC Firefox, können Sie die dort gespeicherten Lesezeichen, die Chronik, Formulardaten, Passwörter und sogar zuletzt geöffnete Browsertabs auch auf dem Raspberry Pi in Iceweasel nutzen, ohne alles neu eintippen zu müssen.

Klicken Sie auf der Startseite von Iceweasel ganz unten auf *Sync einrichten*. Haben Sie bereits ein Firefox-Sync-Konto, bekommen Sie einen zwölfstelligen Ziffern- und Buchstabencode angezeigt. Andernfalls legen Sie sich ein kostenloses Sync-Konto an. Hierzu sind nur eine E-Mail-Adresse und ein selbst definiertes Passwort erforderlich. Gehen Sie jetzt an einen Computer, der bereits Ihr Firefox-Sync-Konto nutzt und klicken Sie dort in den Einstellungen im Bereich *Sync* auf *Gerät verbinden*. Jetzt öffnet sich ein Dialogfeld, in dem Sie den Code, der auf dem Raspberry Pi angezeigt wurde, eingeben müssen. Danach startet automatisch die Synchronisation. Bei der ersten Synchronisation kann es einige Minuten dauern, bis die Daten auf dem neuen Computer zur Verfügung stehen. Über den Menüpunkt *Extras / Jetzt synchronisieren* starten Sie die Synchronisation der Daten.

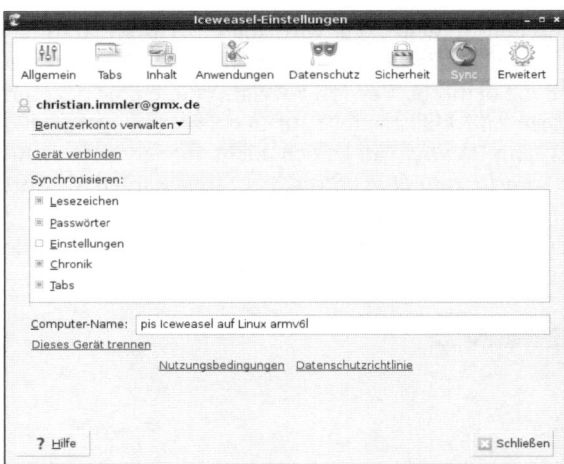

Bild 4.8: In den Sync-Einstellungen auf dem Raspberry Pi können Sie diesem Computer einen persönlichen Namen geben und auch festlegen, welche Daten synchronisiert werden sollen.

Mit den empfohlenen Vorgaben werden Lesezeichen, Passwörter, Einstellungen und die Chronik von einem Computer direkt in die Daten der anderen integriert.

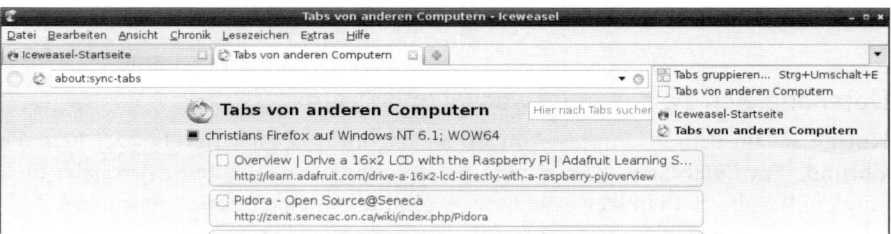

Bild 4.9: Die Tabs der anderen Computer sehen Sie über den Menüpunkt *Tabs von anderen Computern* im Tabs-Menü ganz rechts oben.

Lästige Werbe-Popups einfach blockieren

Iceweasel kann wie Firefox verhindern, dass Webseiten automatisch Fenster öffnen oder andere lästige Browseraktivitäten verursachen, ohne dass der Benutzer dies explizit wünscht. Iceweasel enthält dazu einen Popup-Blocker, der automatisch aktiv ist.

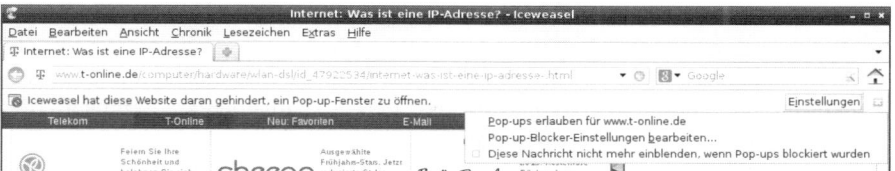

Bild 4.10: Versucht eine Webseite, ein Popup zu öffnen, wird es automatisch blockiert, und oben unterhalb der Adresszeile wird eine Meldung angezeigt.

Ein Klick auf den Button *Einstellungen* in dieser Leiste blendet ein Menü ein, in dem das Popup angezeigt werden kann. Hier lassen sich auch die Einstellungen des Popup-Blockers ändern, so dass Popups von bestimmten Seiten immer erlaubt werden.

Bild 4.11: Einstellungen für Popup-Blocker und JavaScript.

Zusätzlich zur allgemeinen Blockierung von Popups können Sie noch die JavaScript-Funktionen in Iceweasel einschränken. Manche zweifelhafte Webseiten verwenden

JavaScript, um die Funktionalität des Browsers einzuschränken, indem sie das Kontextmenü ersetzen oder deaktivieren.

In den Einstellungen finden Sie im Bereich *Inhalt* eine Option, um JavaScript ganz abzuschalten oder den Skripten zumindest bestimmte Funktionen zu verbieten.

Unerkannt und mit Verfolgungsschutz im Internet

Iceweasel speichert normalerweise wie jeder Browser Formulareingaben und Cookies häufig besuchter Seiten zum einfacheren Zugriff und zeigt Verlaufslisten der zuletzt besuchten Seiten an. Möchten Sie Ihr Tun anderen Benutzern des gleichen Computers verheimlichen, können Sie den privaten Modus nutzen. Der Browser speichert in diesem Modus keine Chronik der besuchten Seiten, keine Einträge in Formulare und Suchfelder, keine Downloadliste, keine Cookies, keinen Cache und natürlich auch keine Passwörter.

Wählen Sie *Privaten Modus starten* im Menü *Extras* oder verwenden Sie die Tastenkombination ⌑Strg⌑ + ⌑Umschalt⌑ + ⌑P⌑, um in den privaten Modus zu wechseln.

Bild 4.12: Der private Modus ist an einer Maske vor der Adresszeile deutlich zu erkennen.

Wer den privaten Modus häufig nutzt, zum Beispiel als Betreiber eines öffentlichen Surfterminals mit dem Raspberry Pi, kann in den Einstellungen unter *Datenschutz* festlegen, dass Iceweasel nie eine Chronik anlegt und immer die Einstellungen wie im privaten Modus verwendet. In diesem Modus können die Chronik und Cookies, die zugegebenermaßen auch deutliche Vorteile haben, nicht genutzt werden.

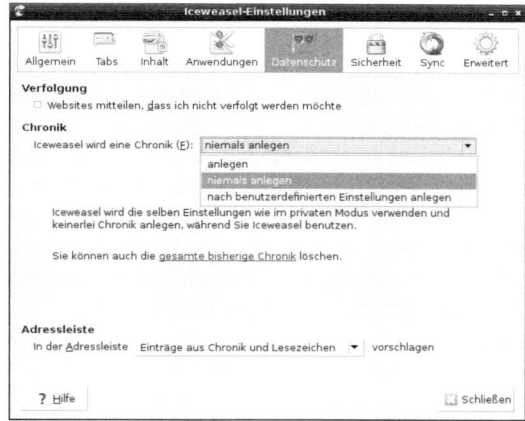

Bild 4.13: Mit dieser Einstellung verhält sich Iceweasel immer wie im privaten Modus.

Der private Modus verhindert zwar das Speichern von Informationen auf dem genutzten Computer. Es ist allerdings nicht auszuschließen, dass Webseitenbetreiber Benutzerinformationen speichern.

Möchten Sie nicht nur selbst auf dem PC keine Spuren hinterlassen, sondern auch für die Anbieter unerkannt bleiben, können Sie mit dem Verfolgungsschutz Webserver anweisen, Inhalte bestimmter Drittanbieter zu blockieren.

Viele Webseiten beziehen heute Informationen aus mehreren Quellen, nicht nur vom eigentlichen Seitenbetreiber, sondern auch von Dritten. Vielfach handelt es sich dabei um Werbung oder um Statistikmodule, die das Surfverhalten der Besucher beobachten.

Der Verfolgungsschutz in den Einstellungen unter *Datenschutz / Verfolgung* weist den jeweiligen Webserver an, Skripte von Drittanbietern auf Webseiten, die das Surfverhalten ausspionieren, zu blockieren. Dabei werden nur »heimliche« Aufrufe blockiert. Klicken Sie eine der betreffenden Webseiten direkt an, können Sie sie ganz normal besuchen. Verfolgungsschutz ist also kein Webfilter. Die Technik basiert auf der Kooperation der Werbeanbieter, deren Skripte die vom Browser zurückgemeldeten Benutzerwünsche respektieren müssen. Wenn ein Webserver die Verfolgungs-Einstellung des Browsers ignoriert, ist der Schutz wirkungslos.

Die Diskussion um den Tracking-Schutz – DNT (Do Not Track)

Das Verfolgen von Benutzeraktivitäten, um personalisierte Inhalte anzuzeigen, ist an sich eine nützliche Technologie, die nur von den Medien immer häufiger in schlechtes Licht gerückt wird, da sie von Werbetreibenden gern missbraucht wird.

Als Microsoft mit der Release Preview von Windows 8 den Verfolgungsschutz standardmäßig aktivierte, nahm die beim W3-Konsortium (W3C, World Wide Web Consortium) für dieses Thema zuständige Arbeitsgruppe öffentlich Stellung: Ein Nutzer soll selbst entscheiden, ob er Verfolgung wünscht oder nicht. Ein Browser dürfe standardmäßig keinen »Do-Not-Track-Header« (DNT) übertragen. Wenn Browser standardmäßig einen DNT-Header senden, werden Werbeanbieter ganz schnell dazu übergehen, dies nicht mehr zu beachten. Webseiten mit offensichtlich illegalen Spionageinteressen werden den Verfolgungsschutz ohnehin ignorieren.

Die Digital Advertising Alliance (DAA), die Interessenvertretung der Werbetreibenden, will DNT generell nur akzeptieren, wenn es im Browser nicht voreingestellt ist. Andernfalls könnten sich Anbieter von Werbung entscheiden, die DNT-Header solcher Browser einfach zu ignorieren. In Iceweasel ist der Verfolgungsschutz W3C-konform standardmäßig ausgeschaltet.

Verständlicherweise wollen Sie, wenn Sie den Tracking-Schutz aktiviert haben, auch wissen, ob dieser auch wirklich funktioniert.

Bild 4.14: Die Webseite *www.donottrack.us* bietet einen einfachen Onlinetest an, der prüft, ob ein Browser DNT unterstützt und ob diese Funktion eingeschaltet ist.

5 Büroanwendungen auf dem Raspberry Pi

Wer einen Brief oder einen sonstigen Text schreiben will, braucht theoretisch keine riesige Hardwareleistung. Zu Zeiten von Windows 3.11 konnte man auf einem damaligen PC mit 8 MB Arbeitsspeicher und einer Festplatte im Bereich von einigen Hundert MB komfortabel alle anfallenden Textverarbeitungsaufgaben erledigen. Das geht heute noch genauso, die Arbeiten an sich haben sich nicht verändert. Nur Microsoft versucht, spätestens seit MS Office 2007, den Nutzern glaubhaft zu machen, dass ein hochgerüsteter PC mit mindestens 2 GB Speicher nötig ist, um einen Brief zu schreiben.

Streichen Sie die Wörter »Windows« und »Microsoft Office« und besinnen Sie sich auf die eigentliche Aufgabe, nämlich einen Brief oder gar ein Buch zu schreiben. Ein Raspberry Pi, der im Vergleich zu PCs aus der Zeit der ersten Windows-Versionen ein Vielfaches leistet, bietet eine angenehme ruhige Umgebung zum kreativen Schreiben, ohne das ewige Rauschen von Lüfter und Festplatte.

5.1 LibreOffice: Alles, was man im Büro braucht

Das freie Office-Paket LibreOffice wurde speziell für den Raspberry Pi angepasst und steht im Pi Store zum Download zur Verfügung. LibreOffice bietet alle Funktionen eines modernen Office-Pakets: Textverarbeitung, Präsentation, Grafik und eine Tabellenkalkulation, die selbst anspruchsvolle wissenschaftliche oder statistische Funktionen beherrscht. Neben dem von den Entwicklern präferierten Open-Document-Format kann LibreOffice aber auch Dokumente in den bekannten Office-Dateiformaten lesen und schreiben.

Bild 5.1: Das Office-Paket LibreOffice gibt es auch für den Raspberry Pi.

 Ist LibreOffice schlechter als Microsoft Office?
Klare Antwort: Nein! Immer wieder hört man Möchtegernprofis über die mangelhaften Funktionen freier Office-Pakete fachsimpeln. Tatsächlich fehlen gegenüber Microsoft Office einige wenige Funktionen in der Tabellenkalkulation, im Bereich automatisierter Analysen, die für ingenieurwissenschaftliche Berechnungen benötigt werden – aber sicher nicht im Alltag. Dafür liefert LibreOffice ein umfangreiches Grafikprogramm auch für Vektorgrafik sowie ein Datenbanksystem mit, was Microsoft Office in der weit verbreiteten Home- und Student-Version völlig fehlt. Gerade bei komplexen Programmpaketen wie Office-Lösungen gilt die alte Administratorenweisheit: Nur 10 % der Anwender nutzen mehr als 10 % der Funktionen eines Programms.

Sie finden das komplette LibreOffice als ein einziges Programm im Pi Store und können es von dort mit einem Klick herunterladen und installieren. Das Paket ist über 800 MB groß, dementsprechend dauern Download und Installation einige Zeit. Stellen Sie zuvor sicher, dass auf der Speicherkarte mindestens 1 GB Speicherplatz frei ist.

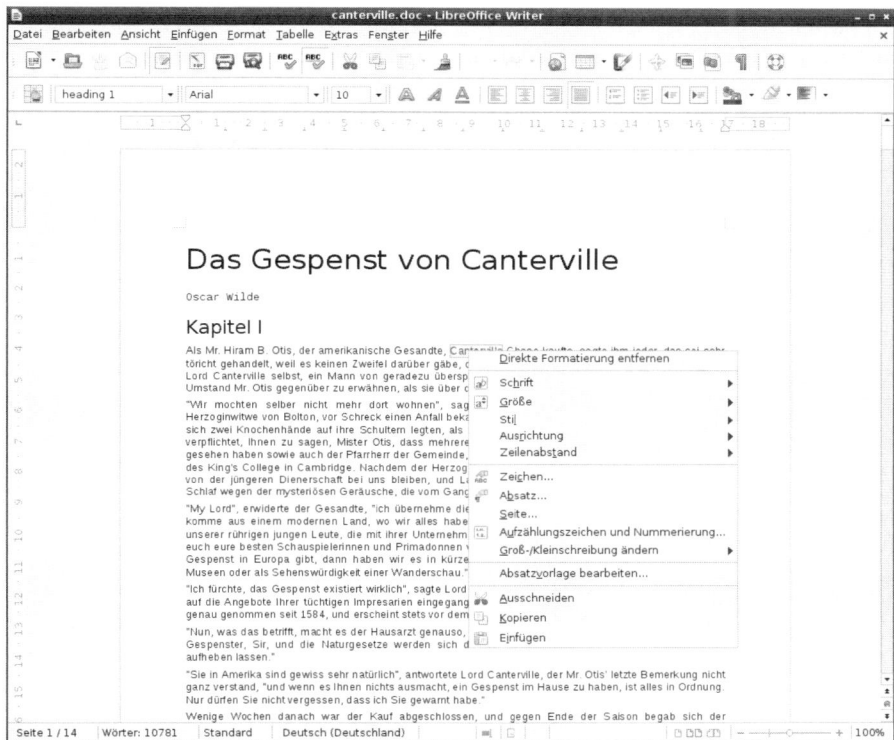

Bild 5.2: Die Textverarbeitung *LibreOffice Writer*.

Nach der Installation können Sie LibreOffice direkt starten, werden aber feststellen, dass die Benutzeroberfläche auf Englisch ist und sich in den Optionen auch nicht umstellen lässt. Das deutsche Sprachpaket fehlt in der LibreOffice-Version aus dem Pi Store einfach.

Beenden Sie LibreOffice und geben Sie danach in einem LXTerminal-Fenster folgende Befehlsfolge ein oder installieren Sie das Paket *libreoffice-l10n-de* mit Hilfe von Synaptic:

```
sudo apt-get install libreoffice-l10n-de
```

Damit installieren Sie das deutsche Sprachpaket nach. Nach Abschluss der Installation starten Sie LibreOffice neu. Sie finden es im Startmenü unter *Büro*. Die Benutzeroberfläche, Gebietsschema und Standardsprache für Dokumente wurden mit der Installation des Sprachpakets automatisch umgestellt. Sie brauchen hier nichts mehr von Hand einzustellen und können direkt beginnen, an Ihren Dokumenten zu arbeiten.

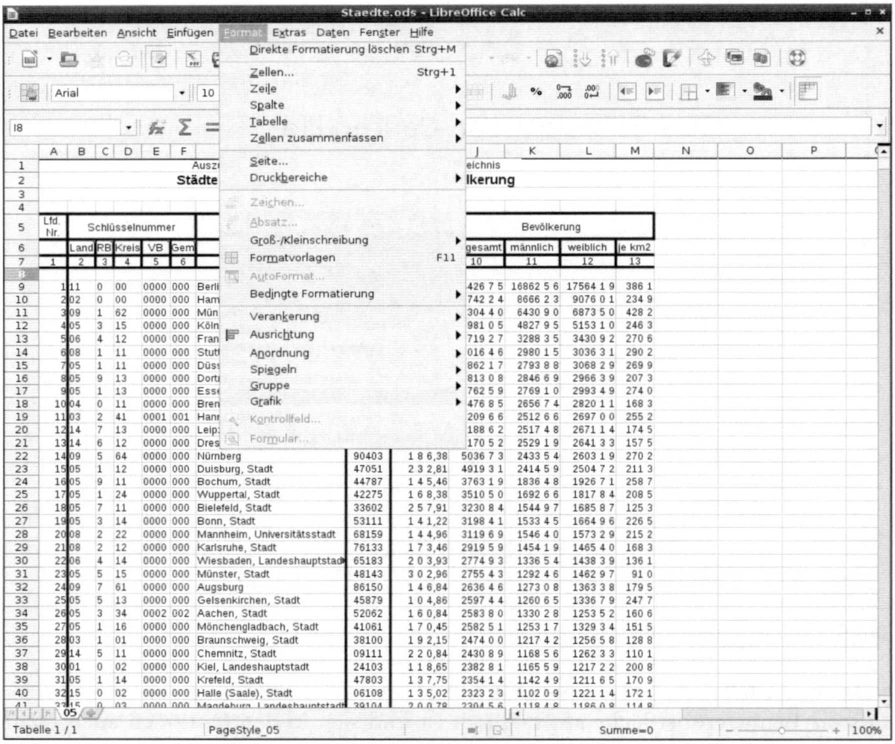

Bild 5.3: Die Tabellenkalkulation *LibreOffice Calc*.

Tipps zu LibreOffice

Für Umsteiger von Word mag LibreOffice auf den ersten Blick etwas fremd wirken. Sie werden aber bald bemerken, dass Sie mit LibreOffice eher mehr als weniger Möglichkeiten haben als mit Word. Ein paar Einstellungen unter *Extras / Optionen* machen den Umstieg leichter.

Schalten Sie unter *LibreOffice / Allgemein* den Schalter *LibreOffice-Dialoge verwenden* unter *Dialoge zum Öffnen/Speichern* aus. Dann verwendet LibreOffice die gewohnten Dateidialoge der anderen Anwendungen auf dem Raspberry Pi. Den gleichen Schalter unter *Dialoge zum Drucken* sollten Sie eingeschaltet lassen, denn der Druckdialog von LibreOffice bietet mehr Möglichkeiten.

Um auf dem Raspberry Pi knappen Arbeitsspeicher zu sparen, setzen Sie unter *LibreOffice / Arbeitsspeicher* die Anzahl der Schritte, die rückgängig gemacht werden können, herab. Niemand merkt in einer Textverarbeitung einen Fehler erst 100 Schritte später. Da Sie in Ihren Texten auf dem Raspberry Pi kaum riesige Grafiken verarbeiten werden, setzen Sie auch die Werte unter *Grafik-Cache* auf die Hälfte herab.

Schalten Sie unter *LibreOffice / Zugänglichkeit* die Schalter *Animierte Grafiken zulassen* und *Animierten Text zulassen* aus. Diese Optionen kosten nur Performance und bremsen die Darstellung auf dem Raspberry Pi unnötig aus.

Verarbeiten Sie Ihre auf dem Raspberry Pi geschriebenen Texte oft auf dem PC mit Microsoft Office weiter, so schalten Sie das Standardformat für neue Dateien unter *Laden/Speichern / Allgemein* auf *Microsoft Word* um und den Schalter *Immer warnen, wenn nicht im ODF-Format* aus. Natürlich können Sie auch ohne die Umstellung des Standardformats jederzeit Word-Dokumente öffnen und speichern.

5.2 Dokumente drucken mit dem Raspberry Pi

Wer den Raspberry Pi als leisen, stromsparenden Alltags-PC nutzt, wird immer mal wieder auch etwas ausdrucken wollen. Einige Programme bieten die Möglichkeit, Dokumente im PDF-Format zu speichern und dann auf jedem Computer der Welt zu drucken – direkt aus einem beliebigen Programm vom Raspberry Pi zu drucken, wäre aber deutlich komfortabler.

Linux-Computer verwenden zum Drucken das sogenannte *Common Unix Printing System CUPS*. Die Software wandelt die Druckaufträge von Programmen für die jeweils verfügbaren Drucker um. Diese können lokal angeschlossen oder über das Netzwerk verbunden sein.

Druckaufbereitung ist speicherhungrig
CUPS benötigt zur Verarbeitung der Dokumente sehr viel Arbeitsspeicher. Auf einem Raspberry Pi Modell A mit nur 256 MB läuft es nur mühsam. Bei größeren oder grafikintensiven Dokumenten kann es auch mit 512 MB eng werden. Achten Sie darauf, dass bei der Druckaufbereitung möglichst wenige Programme nebenher laufen, die Ressourcen verbrauchen.

1. Installieren Sie CUPS als Linux-Paket:

```
sudo apt-get install cups
```

2. CUPS verwendet eine eigene Benutzergruppe *lpadmin*, die festlegt, welche Benutzer berechtigt sind, die Drucker zu verwalten und einzurichten. Fügen Sie den Standardbenutzer *pi* zu dieser Gruppe hinzu:

```
sudo adduser pi lpadmin
```

3. Zur Verwaltung der Drucker und Druckaufträge verwendet CUPS eine komfortable Weboberfläche anstatt eines eigenen Programms. Starten Sie den Midori-Browser und geben Sie dort diese Adresse ein:

```
http://127.0.0.1:631
```

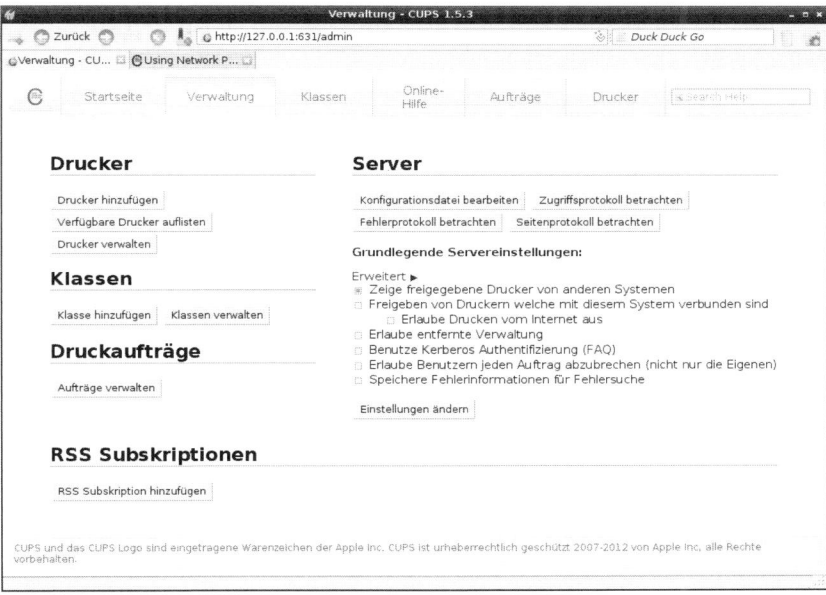

Bild 5.4: *CUPS* wird über eine Weboberfläche im Browser konfiguriert.

❹ Schalten Sie auf die Registerkarte *Verwaltung* und klicken Sie dort auf *Verfügbare Drucker auflisten*. Wenn eine Aufforderung zur Anmeldung erscheint, melden Sie sich mit dem Benutzernamen pi und dem Passwort raspberry an. Nach kurzer Zeit werden lokal an den USB-Anschlüssen angeschlossene Drucker sowie freigegebene Drucker im Netzwerk angezeigt, die CUPS erkennen kann. Das sind leider nicht alle unter Windows freigegebenen Drucker.

Bild 5.5: Mit einem Klick lässt sich ein gefundener Drucker hinzufügen.

⑤ Auf der nächsten Seite legen Sie einen eindeutigen Namen und eine Beschreibung für den neuen Drucker fest.

Bild 5.6: Der maschinenlesbare Name darf bestimmte Zeichen nicht enthalten. Die Bezeichnungen in den anderen beiden Feldern sind nur für Menschen wichtig und können beliebig lauten.

⑥ Nach einem Klick auf *Weiter* wählen Sie zunächst den Druckerhersteller und dann den Druckertyp aus, um den passenden Treiber zu installieren. Klicken Sie danach auf *Drucker hinzufügen*.

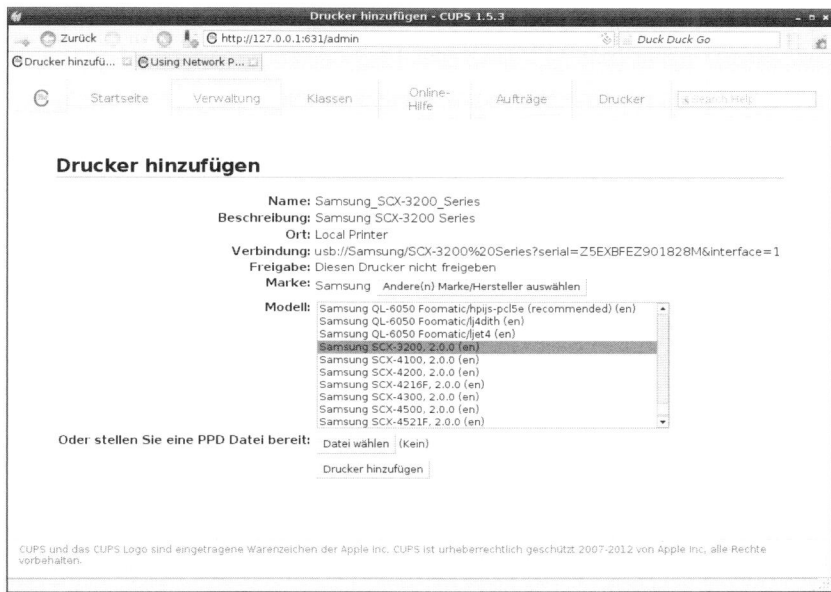

Bild 5.7: *CUPS* liefert Treiber für zahlreiche aktuelle und auch ältere Drucker mit.

Auf der nächsten Seite legen Sie die Standardeigenschaften des Druckers fest, wie unter anderem Papierformat, Papierzufuhr und Druckauflösung. Je nach Programm, aus dem gedruckt wird, können diese Einstellungen vor jedem Druck noch geändert werden. Stellen Sie den Drucker hier so ein, wie Sie ihn am häufigsten verwenden werden.

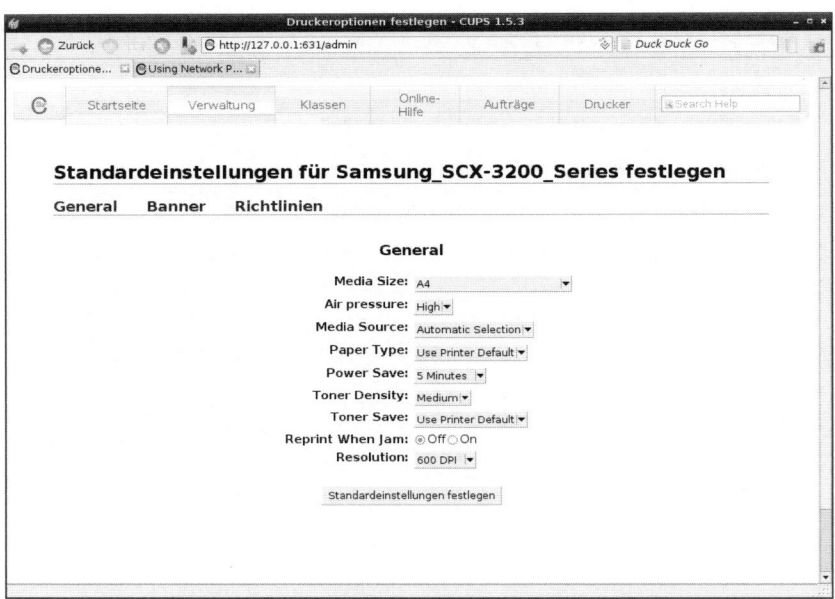

Bild 5.8: Die Grundeinstellungen für einen Drucker in *CUPS* werden gespeichert und sind bei einem Neustart des Raspberry Pi ohne weiteres Zutun wieder verfügbar.

⑧ Nach einem Klick auf *Standardeinstellungen festlegen* wird der Drucker initialisiert und steht ab sofort in allen Programmen, die drucken können, zur Verfügung.

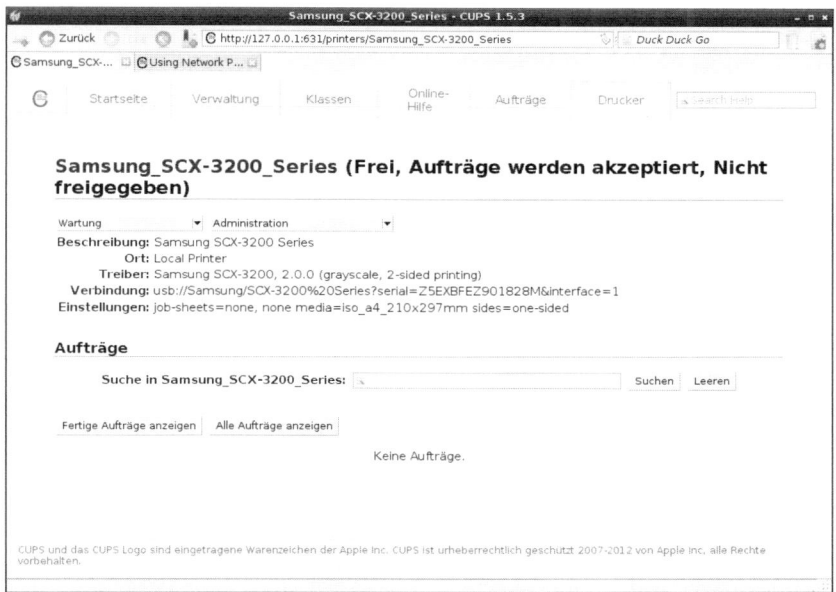

Bild 5.9: Wenn die Statusseite *Frei, Aufträge werden akzeptiert* anzeigt, ist alles in Ordnung.

⑨ Drucken Sie im Listenfeld *Wartung* auf der Druckerstatusseite in CUPS eine Druckertestseite aus, um zu prüfen, ob der Drucker funktioniert. Starten Sie jetzt ein Programm, das drucken kann, eine Textverarbeitung, einen einfachen Editor oder einen Browser, öffnen ein Dokument und wählen im Menü die Option *Drucken*.

Bild 5.10: Ein typischer Druckdialog in einem Linux-Programm.

⑩ Wählen Sie hier den Drucker aus. Wie von Windows-Druckdialogen bekannt, können Sie auch hier wählen, welche Seiten gedruckt werden sollen. Je nach Programm haben Sie noch Möglichkeiten zur Einrichtung von Seitenrändern oder zur Auswahl der zu druckenden Inhalte.

6 Kleines Spielchen auf dem Raspberry Pi

Ursprünglich sollte der Raspberry Pi ein Bildungscomputer sein, aber wie auf jeder anderen Plattform auch, finden sich schnell Entwickler, die Spiele darauf portieren oder speziell dafür erstellen. Der Pi Store ist auf jeden Fall einen Blick wert, wenn man auf der Suche nach Spielen für den Raspberry Pi ist. Die hier angebotenen Spiele sind nicht »irgendwelche« Linux-Spiele, deren Kompatibilität man selber prüfen muss, sondern speziell für den Raspberry Pi entwickelt oder zumindest dafür neu compiliert und optimiert.

6.1 Welten bauen mit Minecraft Pi Edition

Minecraft, das beliebte Weltenbauer-Spiel, steht in einer kostenlosen Version für den Raspberry Pi zur Verfügung. In Minecraft erkundet man eine schier endlose Welt, die aus einfachen Würfeln erbaut ist. Die Blöcke bestehen aus verschiedenen Materialien und können abgebaut werden, um die Rohstoffe zu verarbeiten und daraus andere Dinge zu bauen.

Bild 6.1: Die Spielwelt von *Minecraft* ist auf dem Raspberry Pi nicht ganz so umfangreich, wie auf dem PC aber flüssig spielbar.

Minecraft ermöglicht die Anbindung an verschiedene Programmiersprachen, um das Spiel zu erweitern, eigene Zusatzmodule zu schreiben oder einfach, um spielerisch in die Programmierung einzusteigen, was ursprünglich auch das Ziel der Entwickler des Raspberry Pi ist.

Herunterladen, entpacken und installieren

Minecraft ist zurzeit weder über den Pi Store noch über apt-get installierbar. Man muss also den klassischen Weg gehen: herunterladen, entpacken, installieren.

❶ Gehen Sie mit dem Midori- oder dem Chromium-Browser auf dem Raspberry Pi auf die Webseite *pi.minecraft.net.* Dort finden Sie einen Downloadlink auf die Datei *https://s3.amazonaws.com/assets.minecraft.net/pi/minecraft-pi-0.1.1.tar.gz.* Laden Sie diese in Ihr Home-Verzeichnis */home/pi* herunter.

❷ Klicken Sie im Dateimanager doppelt auf die heruntergeladene Datei *minecraft-pi-0.1.1.tar.gz.* Damit starten Sie das bei Raspbian vorinstallierte Entpackprogramm. Klicken Sie dort in der Symbolleiste auf das Symbol *Dateien entpacken.*

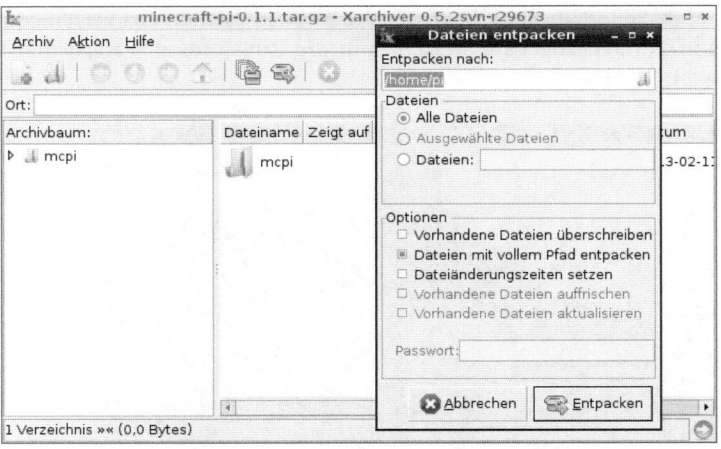

Bild 6.2: Nehmen Sie die Einstellungen wie in der Abbildung gezeigt vor und klicken Sie auf *Entpacken.*

❸ Jetzt erscheint in Ihrem Home-Verzeichnis ein neues Unterverzeichnis *mcpi.* Öffnen Sie dieses per Doppelklick im Dateimanager und starten Sie dort die Datei *minecraft-pi.* Nach einem Klick auf *Ausführen* startet das Spiel. Dabei haben Sie die Möglichkeit, eine bereits vorhandene Spielwelt auszuwählen oder eine neue anzulegen.

So bewegen Sie sich in der Spielwelt

Wer Minecraft kennt, wird sich auch in der Pi Edition schnell zurechtfinden. Steuerung des Spiels und Bewegung in der Spielwelt sind sehr ähnlich.

- Mit der Maus dreht man sich, ohne eine Maustaste zu drücken, um die eigene Achse und neigt den Blick nach oben oder unten. Das Spiel reagiert sehr schnell, also aufpassen, dass man sich beim Drehen nicht »überschlägt«.

- Mit vier auch aus anderen Spielen bekannten Buchstabentasten bewegt man sich: `W` nach vorne, `S` nach hinten, `A` nach links und `D` nach rechts. Bei Stufen im Gelände steigt man während der Bewegung automatisch nach oben oder unten.

- Mit der `Leertaste` kann man in die Höhe springen. Drückt man die `Leertaste` zweimal kurz hintereinander, wird auf den Flugmodus umgeschaltet. In diesem Modus schwebt man und ist nicht mehr an den Boden gebunden. Im Flugmodus steigt man durch längeres Drücken der `Leertaste` weiter nach oben.

- Mit der linken `Umschalt`-Taste duckt man sich etwas nach unten. Im Flugmodus verringert man mit dieser Taste die Flughöhe.

- Die Taste `E` öffnet das Inventar, wo jede Menge unterschiedliche Blöcke zum Bau zur Verfügung stehen. 8 verschiedene Blöcke oder Werkzeuge sind in der Inventarleiste am unteren Bildschirmrand jederzeit verfügbar. Hier wählt man mit den Tasten `1` bis `8` oder mit dem Mausrad das gewünschte Objekt aus.

- Ein Klick mit der linken Maustaste entfernt den angeklickten Block, ein Klick mit der rechten Maustaste platziert einen Block des gewählten Typs an der angeklickten Position.

- Die `Esc`-Taste blendet ein Menü ein, in dem man das Spiel verlassen oder auch auf die Sicht eines außenstehenden Betrachters wechseln kann.

- Die `Tab`-Taste befreit die Maus aus dem Minecraft-Fenster, wenn man zwischendurch in ein anderes Programm wechseln möchte.

Wenn die Steuerung nicht reagiert

Es kann immer wieder vorkommen, dass das Spiel auf Mausbewegungen nicht richtig oder viel zu schnell reagiert und man ständig nach unten oder oben blickt. Drücken Sie bei solchen Problemen die ⌨Tab⌨-Taste, bewegen die Maus kurz außerhalb des Minecraft-Fensters und schalten dann mit ⌨Tab⌨ wieder zurück ins Spiel.

Programmsymbole auf den Desktop legen

Spiele oder Programme, die auf dem gleichen Weg wie Minecraft installiert werden, legen häufig kein Desktop-Symbol und auch keinen Menüeintrag an und sind deshalb nur mühsam über den Dateimanager oder über die Kommandozeile zu starten. Sie können aber selbst Desktop-Symbole anlegen. Dazu ist nur eine kleine Konfigurationsdatei nötig, die sich mit dem Leafpad-Editor erstellen lässt.

1 Klicken Sie mit der rechten Maustaste auf den Desktop und wählen Sie im Kontextmenü *Neu / Leere Datei*. Geben Sie als Dateinamen *Minecraft.desktop* ein.

2 Klicken Sie mit der rechten Maustaste auf das neue Dateisymbol und wählen Sie im Kontextmenü *Leafpad*. Jetzt öffnet sich ein leeres Editorfenster. Tragen Sie hier folgende Zeilen ein:

```
[Desktop Entry]
Name=Minecraft
Exec=/home/pi/mcpi/minecraft-pi
Icon=/home/pi/mcpi/data/images/gui/pi_title.png
Terminal=false
Type=Application
```

Bild 6.3: Auf dem Desktop erscheint ein Minecraft-Logo, über das Sie das Spiel starten können.

Die Tabelle erklärt die einzelnen Parameter in den *.desktop*-Dateien.

Parameter	Beschreibung
Name	Der angezeigte Name des Symbols
Exec	Auszuführende Kommandozeile
Icon	Anzuzeigendes Icon – Minecraft liefert bereits ein Logo mit, das sich verwenden lässt.
Terminal	false bedeutet, es wird kein Terminalfenster angezeigt, true startet das Programm im LXTerminal.
Type	Für Programme Application, für Weblinks Link und für Verzeichnisse im Dateimanager Directory

Linux kennt noch weitere Parameter in diesen Dateien. Sie werden aber nur in seltenen Fällen gebraucht und teilweise von der LXDE-Benutzeroberfläche gar nicht unterstützt.

Minecraft-Wiki
Ausführliche Informationen und Hilfestellungen zum Spiel Minecraft im Allgemeinen finden Sie bei *de.minecraftwiki.net*. Allerdings stehen nicht alle Funktionen der PC-Version auch auf dem Raspberry Pi zur Verfügung. Dafür unterstützt die Pi Edition diverse Programmiersprachen, um Einsteigern die Programmierung in der Welt von Minecraft nahezubringen.

7 Einfache Linux-Befehle und Cloud-Dienste

Das Raspbian-Linux verwendet die grafische Benutzeroberfläche LXDE, die für jeden Windows-Benutzer sofort bedienbar ist. Trotzdem empfehlen sich ein paar Grundkenntnisse über die Verzeichnisstruktur von Linux sowie über wichtige Befehle, die ähnlich wie auf einem Windows-PC in einem Eingabeaufforderungsfenster, hier *LXTerminal* genannt, aufgerufen werden.

Linux verwendet nicht wie Windows für jedes Laufwerk seine eigene Verzeichnisstruktur, sondern eine globale, laufwerksübergreifende Struktur. Dabei sind einige Verzeichnisnamen fest vorgegeben. Die Inhalte der Verzeichnisse außerhalb des Home-Verzeichnisses */home/pi* sollte man auch nur ändern, wenn man sehr umfassendes Wissen über die einzelnen Linux-Systemdateien besitzt. Die meisten systemkritischen Dateien sind für den normalen Benutzer gesperrt.

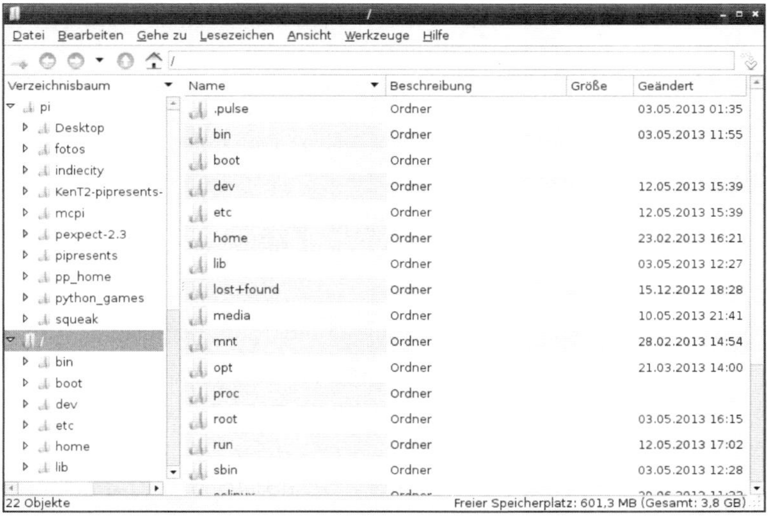

Bild 7.1: Die Verzeichnisstruktur ist in der Verzeichnisbaum-Ansicht im Dateimanager gut zu sehen.

Unterschiede zu Windows

Bei der Arbeit mit Dateien und Verzeichnissen sollte man ein paar wichtige Unterschiede zwischen Linux und Windows kennen:

Windows verwendet zur Kennzeichnung von Dateitypen die entsprechende Dateiendung, die klassischerweise aus drei Zeichen besteht, durch einen Punkt vom eigentlichen Dateinamen getrennt. Bei Linux kann jeder beliebige Name für eine Datei verwendet werden. Es gibt keinen Unterschied zwischen Dateinamen und Dateiendung. Die Namen können auch mehrere Punkte enthalten, allerdings keine Leerzeichen. Diese sollte man auch in Windows besser nicht verwenden, da sie zwar erlaubt sind, aber nicht mit allen Befehlen funktionieren. Die Dateinamen sollten aussagekräftig sein, aber bei 128 Stellen ist Schluss.

Im Gegensatz zu Windows unterscheidet Linux bei Dateinamen zwischen Groß- und Kleinschreibung.

Linux kennt das Backslash-Zeichen \ für Pfadangaben nicht. Zur Angabe von Verzeichnissen wird immer der normale Schrägstrich / verwendet.

Linux als offenes System bietet jedem Entwickler freie Möglichkeiten, Verzeichnisse für eigene Programme und Daten anzulegen. Um bei der Vielfalt an Beteiligten eine gemeinsame Basis zu schaffen, wurde der *Filesystem Hierarchy Standard* entwickelt. Diese Verzeichnisstruktur ist auf oberen Ebenen in allen Unix-Systemen gleich. Die Free Standards Group (*www.freestandards.org*) veröffentlicht auf ihrer Webseite *www.pathname.com/fhs* den aktuellen *Filesystem Hierarchy Standard*. Eine deutsche Übersetzung finden Sie hier: *bit.ly/ZhgOV7*. Im Folgenden finden Sie eine kurze Übersicht über die wichtigsten Verzeichnisse:

/	Unter dem Wurzelverzeichnis sind alle anderen Verzeichnisse angeordnet. Dies bezieht sich hier nicht auf ein Laufwerk, sondern auf die gesamte Verzeichnisstruktur.
/bin	Wichtige, immer verfügbare Programme, zum Beispiel die Unix-Shells und die Shell-Kommandos.
/boot	Der Linux-Kernel *vmlinuz* und Konfigurationsdateien, die zum Booten benötigt werden.
/dev	Abkürzung für Devices, so genannte Gerätedateien. Hier werden für alle Geräte virtuelle Dateien angelegt, über die auf die Geräte zugegriffen werden kann.

/etc	Konfigurationsdateien für das System oder einzelne Programme.
/home	Unterhalb dieses Verzeichnisses besitzt jeder Benutzer sein Home-Verzeichnis. In einer Raspbian-Installation ist neben dem Superuser *root* nur ein Standard-Benutzer *pi* vorhanden. Sofern keine speziellen Zugriffsrechte vergeben wurden, kann ein Benutzer die Verzeichnisse der anderen Benutzer nicht sehen. Der Benutzer *root* hat sein Home-Verzeichnis direkt unter dem Hauptverzeichnis und nicht unter */home*.
/lib	Funktionsbibliotheken des Betriebssystems. In diesem Verzeichnis sollten Sie auf keinen Fall irgendetwas verändern.
/lost+found	Auf dieses Verzeichnis hat nur das System selbst Zugriff. Hier werden Dateien abgelegt, die bei einem Programmabsturz oder Hardwarefehler entstehen und keinem anderen Verzeichnis mehr zugeordnet werden können.
/media	In Unterverzeichnissen dieses Verzeichnisses werden externe Festplatten, Speicherkarten, CD-ROM-Laufwerke und USB-Sticks gemountet.
/mnt	Hier kann man selbst andere Dateisysteme in die Verzeichnisstruktur mounten.
/opt	Optionale Software; in diesem Verzeichnis werden vor allem große Programmpakete installiert.
/proc	Jedes laufende Programm erhält hier automatisch ein Unterverzeichnis mit Dateien, die genaue Informationen zum jeweiligen Prozess geben. Dieses Verzeichnis ist als Schnittstelle zum Kernel gedacht, sodass Programme auf Systemfunktionen und Funktionen anderer Programme zugreifen können.
/root	Das Home-Verzeichnis des Benutzers *root*. Es liegt traditionell im Hauptverzeichnis, damit der Administrator auch dann auf seine Dateien zugreifen kann, wenn durch einen Fehler der Zugriff auf andere Partitionen nicht mehr möglich ist. Als Standard-Anwender *pi* sehen Sie natürlich nur ein leeres Verzeichnis.
/run	Dieses Verzeichnis enthält Informationen über das System seit seinem Start.

/sbin	Wichtige Systemprogramme, auf die nur der Administrator *root* Zugriff besitzt.
/selinux	Verzeichnis für die Kernel-Erweiterung *Security Enhanced Linux*. Diese ist auf dem Raspberry Pi zwar vorhanden, wird aber standardmäßig nicht genutzt.
/srv	Spezielle Dateien laufender Dienste.
/sys	Virtuelles Verzeichnis für System-Informationen.
/tmp	Das Temporärverzeichnis zur Ablage temporärer Dateien und zum Datenaustausch zwischen Benutzern. Auf dieses Verzeichnis hat jeder jederzeit Zugriff.
/usr	In diesem Verzeichnis liegen die Unterverzeichnisse für die installierten Programme. Da dieses Verzeichnis üblicherweise mit Abstand das größte auf einem System ist, ist eine detaillierte Unterteilung nötig. Linux verwendet hier diverse Unterverzeichnisse, in denen die einzelnen Programme, Bibliotheken und Systemkommandos eingeordnet sind.
/var	Abkürzung für variabel; ein Verzeichnis für Dateien, die sich ständig ändern. Hier liegen in verschiedenen Unterverzeichnissen zum Beispiel der Browsercache und der Druckerspooler.

7.1   Linux-Befehle für die Dateiverwaltung

Denken Sie immer daran: Linux ist ein befehlszeilenorientiertes Betriebssystem. Die Oberfläche liegt nur darüber und führt im Hintergrund Kommandozeilenbefehle aus. Wenn Sie einige wichtige Linux-Befehle kennen, können Sie damit noch deutlich mehr erreichen als mit einer fensterorientierten Benutzeroberfläche. Auf die Kommandozeile kommt man aus der grafischen Oberfläche heraus am einfachsten mit dem *LXTerminal* auf dem Desktop.

Wenn nichts anderes angegeben ist, können Parameter verknüpft werden. Nach dem »-«-Zeichen, das jeden Parameter einleitet, folgen direkt die Parameter hintereinander ohne Leer- oder sonstige Trennzeichen. Alle Optionen und Parameter finden Sie in den jeweiligen *man*-Dateien und oft auch über den Parameter -? oder -help. Die folgende Auflistung enthält nur die wichtigsten Befehle zur Dateiverwaltung.

Groß- und Kleinschreibung
Wie bei Dateinamen unterscheidet Linux auch bei den Parametern der Kommandozeilenbefehle zwischen Groß- und Kleinschreibung. Derselbe Buchstabe kann in unterschiedlichen Schreibweisen unterschiedliche Bedeutungen haben.

Handbuch-Dateien lesen mit »man«

man [Befehlsname]

Seit den Anfängen von Unix gibt es für jeden Befehl ein textbasiertes Handbuch, die so genannte *man*-Datei. Mit dem Befehl man, gefolgt von einem Befehlsnamen, wird dieser Handbuchtext auf die Größe des Shell-Fensters formatiert und seitenweise ausgegeben. Mit den Tasten ⌜Bild↑⌟ und ⌜Bild↓⌟ kann man durch den Text blättern.

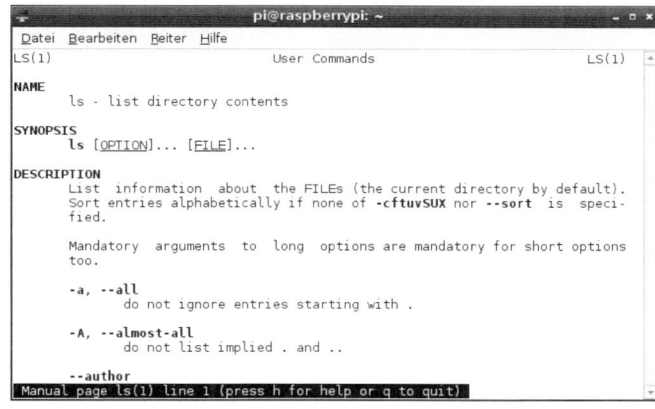

Bild 7.2: Anzeige einer *man*-Datei für den Befehl ls im LXTerminal.

 Farben im LXTerminal-Fenster
Wenn Sie sich jetzt fragen, wie wir das LXTerminal so druckfreundlich mit schwarzer Schrift auf weißem Grund dargestellt bekommen – das ist kein Photoshop-Trick. Im Menü des Fensters legen Sie unter *Bearbeiten / Einstellungen* die Schriftart und die Farben fest.

Verzeichnisinhalt anzeigen mit »ls«

```
ls [OPTION]... [DATEI]...
```

Das wahrscheinlich häufigste Linux-Kommando listet Dateien in einem Verzeichnis auf. Standard-Vorgabe ist das momentane Verzeichnis. Die Einträge werden, falls nichts anderes angegeben wurde, alphabetisch sortiert.

```
                              pi@raspberrypi: ~                          _ □ x
Datei  Bearbeiten  Reiter  Hilfe
-rw-r--r-- 1 root root    4673 Nov 17 23:46 instructions.txt
-rwxr--r-- 1 pi   pi       118 Apr 13 18:56 interfaces
drwxr-xr-x 2 pi   pi      4096 Apr 14 16:58 KenT2-pipresents-examples-8f68c89
-rwxr--r-- 1 pi   pi      1947 Feb 21 18:53 labyrinth1.py
-rwxr--r-- 1 pi   pi      3095 Feb 22 14:14 labyrinth2.py
drwxr-xr-x 4 pi   pi      4096 Apr 12 21:28 mcpi
-rwxr--r-- 1 pi   pi       278 Apr 18 20:40 myberryclip1.py
-rwxr--r-- 1 pi   pi       556 Apr 19 10:26 myberryclip2.py
-rwxr--r-- 1 pi   pi       278 Apr 18 20:51 myberryclip3.py
-rw-r--r-- 1 pi   pi      5781 Feb  3 06:07 ocr_pi.png
-rw-r--r-- 1 pi   pi     73015 Apr 16 14:57 omxlogfile.txt
-rw-r--r-- 1 pi   pi      7174 Apr 16 14:57 omxplayer.log
-rw-r--r-- 1 pi   pi      7026 Apr 16 00:35 omxplayer.old.log
drwxr-xr-x 5 pi   pi      4096 Apr 14 16:19 pexpect-2.3
-rw-r--r-- 1 pi   pi    150868 Feb  7  2008 pexpect-2.3.tar.gz
-rwxr--r-- 1 pi   pi       674 Apr 13 21:05 pipoint
drwxr-xr-x 3 pi   pi      4096 Apr 16 14:41 pipresents
drwxr-xr-x 5 pi   pi      4096 Apr 14 21:20 pp_home
drwxrwxr-x 2 pi   pi      4096 Jul 20  2012 python_games
-rwxr--r-- 1 pi   pi       344 Feb  4 19:51 spiel1.py
-rw-r--r-- 1 pi   pi      6500 Apr 18 17:50 testclip.py
-rwxr--r-- 1 pi   pi       345 Feb 10 19:35 test.py
-rwxr--r-- 1 pi   pi      2146 Feb 10 16:50 wuerfel.py
pi@raspberrypi ~ $ ▮
```

Bild 7.3: Am häufigsten wird die Anzeige ls -l verwendet, die außer den Dateinamen auch noch Größe, Besitzer und Zugriffsrechte anzeigt.

Bedeutung der Farben im LXTerminal	
schwarz	Dateien, nicht spezifiziert
blau	Verzeichnisse
gelb	Geräte
grün	Ausführbare Dateien
magenta	Bilddateien
rot	Komprimierte Archive
cyan	Verknüpfungen

Ein Verzeichnis wechseln mit »cd«

```
cd [Verzeichnisname]
```

Dieses Kommando (change directory) wechselt in das angegebene Verzeichnis. Dies kann entweder relativ bezogen auf das aktuelle Verzeichnis angegeben werden oder mit einem Schrägstrich beginnend als absolute Pfadangabe bezogen auf das Hauptverzeichnis. cd ohne weitere Parameter wechselt ins Home-Verzeichnis des angemeldeten Benutzers, z. B. */home/pi.*

Aktuelles Verzeichnis anzeigen mit »pwd«

```
pwd
```

Dieses Kommando (print working directory) zeigt Namen und kompletten Pfad des aktuellen Verzeichnisses an.

Mehrere Dateien anzeigen mit »cat«

```
cat [OPTION] [DATEIEN]...
```

Dieses Kommando zeigt eine oder mehrere Dateien hintereinander im Shell-Fenster an. Die verschiedenen Optionen legen vor allem die Darstellung nichtdruckbarer Zeichen fest.

Lenkt man die Ausgabe in eine Datei um, kann man mit cat mehrere Dateien zusammenfügen.

```
cat teil1 teil2 > gesamt
```

hängt die beiden Dateien teil1 und teil2 zu einer Datei gesamt zusammen.

Dateien kopieren mit »cp«

```
cp [OPTION]... QUELLE ZIEL
```

Dieses Kommando (copy) kopiert Dateien und Verzeichnisse. Wenn zwei Dateinamen als Parameter angegeben werden, wird die erste Datei in die zweite kopiert. Werden mehrere angegeben, wird angenommen, dass die letzte Angabe der Name eines Verzeichnisses ist, und alle angegebenen Dateien werden in dieses Verzeichnis kopiert, falls es existiert.

Dateien verschieben oder umbenennen mit »mv«

```
mv [OPTION]... QUELLE ZIEL
```

Dieses Kommando (move) verschiebt Dateien an eine andere Stelle oder benennt Dateien um. Die Syntax ist die gleiche wie bei cp.

Dateien löschen mit »rm«

```
rm [OPTION]... DATEI...
```

Dieses Kommando (remove) löscht Dateien. Dabei wird KEIN Papierkorb verwendet, sondern die Daten werden direkt gelöscht. Um Dateien löschen zu können, benötigt man Schreibrechte im jeweiligen Verzeichnis.

Ein Verzeichnis anlegen mit »mkdir«

```
mkdir [OPTION] VERZEICHNIS...
```

Dieses Kommando (make directory) legt ein neues Unterverzeichnis an. Der Pfad kann relativ im aktuellen Verzeichnis liegen oder ein absoluter Pfad sein.

Ein Verzeichnis löschen mit »rmdir«

```
rmdir [OPTION] VERZEICHNIS...
```

Dieses Kommando (remove directory) löscht ein oder mehrere angegebene Verzeichnisse. Diese müssen dazu leer sein. Um Verzeichnisse zu löschen, die Daten und Unterverzeichnisse enthalten, verwenden Sie rm -r.

7.2   Cloud-Dienste für den Datenaustausch nutzen

Nicht immer besteht die Möglichkeit, Daten über ein lokales Netzwerk zwischen Raspberry Pi und PC auszutauschen. Cloud-Dienste sind oft wesentlich bequemer und überall verfügbar. Die meisten Anbieter von Cloud-Speicherplatz bieten Synchronisationstools an, mit denen sich eigene Dateien aus bestimmten Verzeichnissen automatisch mit dem Cloud-Speicherplatz synchronisieren lassen. Allerdings gibt es diese Programme meist nur für Windows.

Vom Raspberry Pi kann man über den Webbrowser auf den persönlichen Cloud-Speicherplatz zugreifen, vorausgesetzt der jeweilige Anbieter hat seine Webseite so intelligent gestaltet, dass sie sich auch mit den ressourcenschonenden Browsern nutzen lassen. Im Alltag ist ein Browserzugriff doch sehr mühsam. Wesentlich komfortabler ist es, das Cloud-Laufwerk wie ein echtes Laufwerk im Dateimanager zur Verfügung zu haben. WebDAV, ein speziell für diese Zwecke entwickeltes Datenübertragungsprotokoll, macht das möglich. Leider bieten die bekanntesten aller Anbieter von Cloud-Speicherplatz, Dropbox und Google Drive, keine Unterstützung für das WebDAV-Protokoll.

CloudMe: Kostenloser Cloud-Speicherplatz

CloudMe (*www.cloudme.com*) gehört zwar zu den weniger bekannten Anbietern von kostenlosem Cloud-Speicherplatz, hat aber den Vorteil, dass die WebDAV-Unterstützung problemlos ohne zusätzliche Software funktioniert. Für Windows wird ein Synchronisationstool angeboten, das einen sogenannten »Blue Folder« auf dem PC anlegt, der automatisch mit dem Cloudspeicher synchronisiert wird. Außerdem kann man über einen Webbrowser auf CloudMe zugreifen

CloudMe bietet 3 GB kostenlosen Speicherplatz an, bei Anmeldung über diesen Link erhalten Leser dieses Buches 3,5 GB kostenlos: *goo.gl/mJjvM*.

Aber auch im Dateimanager auf dem Raspberry Pi kann der Cloud-Speicher von CloudMe verwendet werden.

1. Tragen Sie in die Adresszeile des Dateimanagers diese Adresse ein: *davs://webdav. cloudme.com/Benutzername*. Das Wort *Benutzername* ersetzen Sie durch Ihren Benutzernamen, den Sie bei der Anmeldung bei CloudMe gewählt haben. Bei der ersten Anmeldung werden Sie nach Ihren CloudMe-Zugangsdaten gefragt.

2. Legen Sie für dieses Verzeichnis über das *Lesezeichen*-Menü ein Lesezeichen an. Dann finden Sie Ihren CloudMe-Speicherplatz auch nach einem Neustart des Raspberry Pi im linken Seitenfenster des Dateimanagers.

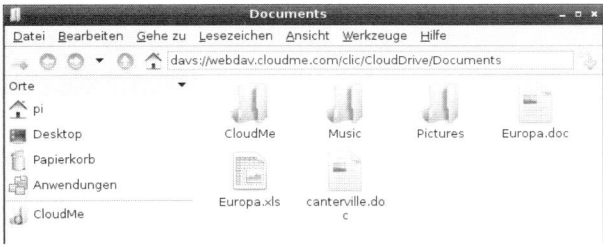

Bild 7.4: Mit einem Lesezeichen erreichen Sie CloudMe auch nach einem Neustart schnell wieder.

3. Jetzt können Sie den Cloud-Speicher beim Arbeiten auf dem Raspberry Pi nutzen und haben immer Zugriff auf Ihre persönlichen Dateien, trotz der eng begrenzten Kapazität der Speicherkarte.

Wo ist der Blue Folder?
Der Blue Folder bietet Zugriff auf den gesamten persönlichen Speicherplatz bei CloudMe, auch die Ordner, die man sonst nur über den Browser
erreicht. Der *Blue Folder* ist unter *Documents/CloudMe* zu finden.

MediaCenter und Online-Speicher von GMX und Web.de

GMX und Web.de bieten jedem Nutzer des kostenlosen Maildienstes jeweils 2 GB
Speicherplatz im sogenannten MediaCenter von GMX bzw. im Online-Speicher bei
Web.de. Mit der Installation der Synchronisationsanwendung bekommt man noch
4 GB dazu geschenkt. Nutzer der kostenpflichtigen Tarife bekommen 10 GB, die
sich im Browser, mit dem Windows-Synchronisationstool oder über eine
Smartphone-App nutzen lassen.

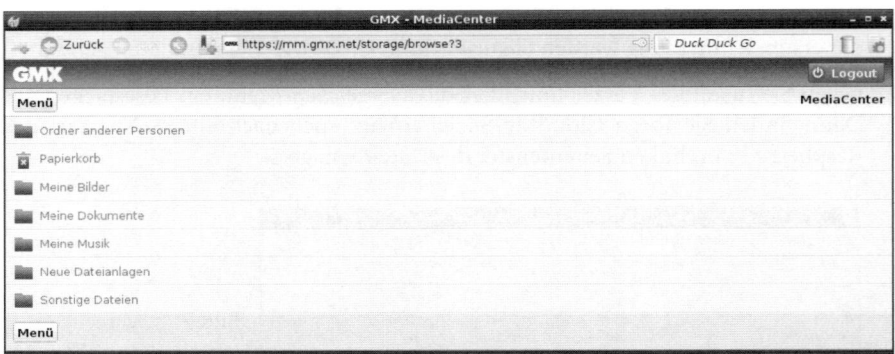

Bild 7.5: Über die mobile Variante der GMX-Webseite lässt sich das MediaCenter im
Midori-Browser nutzen.

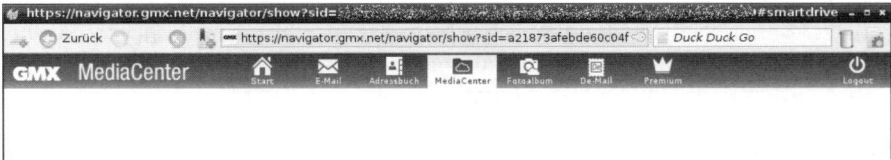

Bild 7.6: Die normale Webseite bringt auf dem Raspberry Pi nur ein leeres Fenster.

Leider haben GMX und Web.de wie auch einige andere Cloud-Anbieter ein Kompatbilitätsproblem und halten sich nicht zu 100 % an den WebDAV-Standard, weshalb die Cloud-Speicher nicht so einfach über den Dateimanager von Raspbian eingebunden werden können. Die Lösung bietet ein Dateisystemtreiber, der WebDAV-Laufwerke wie externe Festplatten oder Netzwerklaufwerke direkt im Linux-Dateisystem einhängt.

1. Installieren Sie den Dateisystemtreiber:

```
sudo apt-get install davfs2
```

2. Legen Sie ein Unterverzeichnis für den Mountpunkt im Home-Verzeichnis an:

```
sudo mkdir /home/pi/gmx
```

3. Legen Sie noch ein Unterverzeichnis für die Konfigurationsdatei im Home-Verzeichnis an:

```
sudo mkdir /home/pi/.davfs2
```

4. Erstellen Sie eine Konfigurationsdatei mit Namen secrets in diesem Verzeichnis:

```
leafpad /home/pi/.davfs2/secrets
```

5. Die Datei enthält Ihre persönlichen Zugangsdaten für das GMX-MediaCenter. Tragen Sie dazu Ihre GMX-E-Mail-Adresse und Ihr Passwort ein.

```
https://webdav.mc.gmx.net emailadresse@gmx.de passwort
```

6. Bei Web.de muss die Datei so aussehen:

```
https://webdav.smartdrive.web.de emailadresse@web.de passwort
```

7. Schützen Sie die Datei vor Verwendung durch andere Benutzer. Ohne diese eingeschränkten Zugriffsrechte lässt *davfs2* die Datei auch nicht zu.

```
chmod 600 /home/pi/.davfs2/secrets
```

8. Tragen Sie das neue Dateisystem und den Mountpunkt in der Datei */etc/fstab* wie in der Abbildung ein. Beachten Sie, dass am Ende der letzten Zeile noch ein Zeilenumbruch stehen muss.

```
sudo leafpad /etc/fstab
```

```
                                    fstab                                    _ □ x
 Datei  Bearbeiten  Suchen  Optionen  Hilfe
proc                      /proc          proc    defaults           0    0
/dev/mmcblk0p5            /boot          vfat    defaults           0    2
/dev/mmcblk0p6           /              ext4    defaults,noatime   0    1
https://webdav.mc.gmx.net /home/pi/gmx   davfs   noauto,user,rw     0    0
```

Bild 7.7: Fügen Sie die letzte Zeile in der Datei */etc/fstab* ein.

⑨ Bei Web.de muss diese Zeile lauten:

```
https://webdav.smartdrive.web.de /home/pi/gmx davfs noauto,user,rw 0 0
```

⑩ Geben Sie jetzt auch Nicht-root-Benutzern die Berechtigung, WebDAV-Laufwerke einzubinden:

```
sudo dpkg-reconfigure davfs2
```

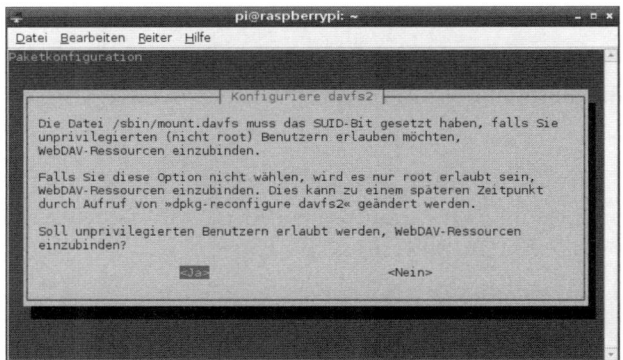

Bild 7.8:
Benutzer ohne root-Berechtigung dürfen WebDAV auch nutzen.

⑪ Damit auch der Benutzer *pi* das darf, muss er zur Gruppe *davfs2* hinzugefügt werden:

```
sudo adduser pi davfs2
```

⑫ Mounten Sie jetzt das WebDAV-Laufwerk im zuvor angelegten Verzeichnis:

```
mount /home/pi/gmx
```

Das GMX-MediaCenter bzw. der Web.de-Online-Speicher steht nun im Dateimanager wie ein lokales Laufwerk zur Verfügung. Bei einem Neustart wird das GMX-MediaCenter automatisch wieder eingehängt, ohne dass Sie sich neu anmelden müssen. Dieser Vorgang dauert allerdings ein paar Sekunden, was in der Systemauslastung in der Taskleiste zu sehen ist. Der Prozessor läuft nach der

Anmeldung einen kurzen Moment mit voller Last. Danach können Sie den Cloud-Speicher wieder nutzen.

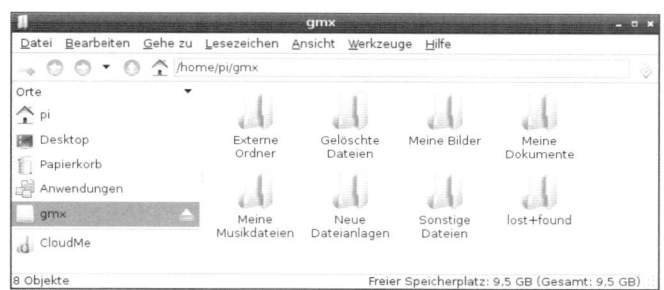

Bild 7.9: Das GMX-MediaCenter im Dateimanager auf dem Raspberry Pi.

7.3 Raspberry Pi über das Heimnetz fernsteuern

Über die bereits bei der Ersteinrichtung des Raspberry Pi festgelegte SSH-Verbindung (Secure Shell) lassen sich nicht nur Daten auf den Raspberry Pi und zurück übertragen, man kann sich auch direkt als Benutzer in einer Art Kommandozeilenfenster anmelden und Befehle ausführen oder Programme starten. Auf diese Weise lässt sich der Raspberry Pi ohne eigenen Monitor, ohne Tastatur oder Maus von einem anderen PC im Netzwerk aus nutzen.

① Falls Sie bei der Ersteinrichtung des Raspberry Pi den SSH-Server nicht aktiviert hatten, holen Sie das jetzt nach:

```
sudo raspi-config
```

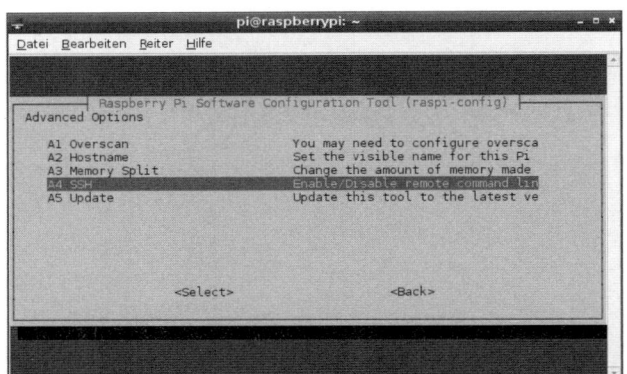

Bild 7.10: In den *Advanced Options* sehen Sie den aktuellen Status des SSH-Servers und können diesen auch aktivieren.

② Auf dem PC brauchen Sie für die Verbindung einen SSH-Client, z. B. das kostenlose PuTTY für Windows (*www.putty.org*). Legen Sie in PuTTY eine neue Verbindung an, über Port *22* und Verbindungstyp *SSH*.

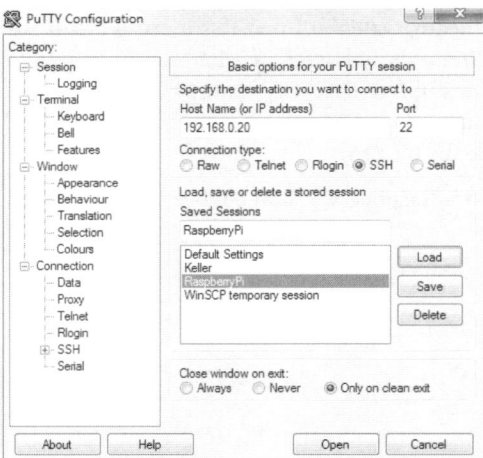

Bild 7.11: Speichern Sie diese Verbindung für spätere Verwendung.

③ Die für die Verbindung notwendige IP-Adresse erfahren Sie auf dem Raspberry Pi mit dem Befehl:

```
ip addr
```

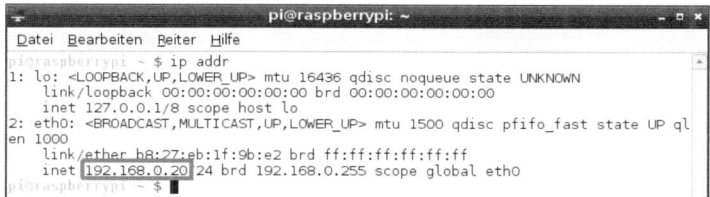

Bild 7.12: Die unter `eth0:` angezeigte IP-Adresse ist die richtige.

In Netzwerken mit dynamischen IP-Adressen kann sich die Adresse des Raspberry Pi unter Umständen bei einem Neustart ändern. Sollte der Router zu oft neue Adressen vergeben, reservieren Sie in der Routerkonfiguration eine Adresse für den Raspberry Pi. In den meisten Fällen ist das einfacher, als direkt auf dem Raspberry Pi eine feste IP-Adresse festzulegen.

Bauen Sie die Verbindung auf und melden Sie sich mit dem Benutzernamen `pi` und dem Passwort `raspberry` über die SSH-Verbindung am Raspberry Pi an.

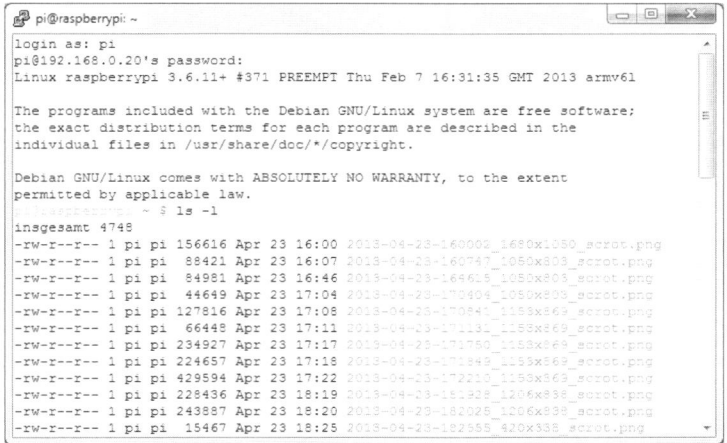

Bild 7.13: PuTTY verhält sich unter Windows wie ein Kommandozeilenfenster auf dem Raspberry Pi.

Über PuTTY können Sie Linux-Kommandozeilenbefehle wie auch Skripte auf dem Raspberry Pi starten. Diese laufen weiter, selbst wenn die SSH-Verbindung getrennt wird.

Spezielle Befehle und Einstellungen
Klicken Sie auf das Symbol in der linken oberen Ecke des PuTTY-Fensters, so erscheint ein Menü mit speziellen Befehlen zur Steuerung und Konfiguration von PuTTY selbst.

Raspberry-Pi-Fenster auf dem PC nutzen

PuTTY unterstützt nur Konsolenbefehle, keine grafischen Anwendungen. Beim Versuch, eine Anwendung zu starten, die ein grafisches Fenster öffnet, wie z. B. der Bildbetrachter gpicview, der Dateimanager pcmanfm oder der Editor leafpad, erscheinen die unterschiedlichsten Meldungen, die Programme werden aber nicht gestartet.

Der Raspberry Pi verwendet eine X-11-Benutzeroberfläche zur grafischen Darstellung von Fenstern. SSH kann diese X-11-Daten auf einen anderen Computer übertragen. Allerdings muss dort ein X-11-Server installiert sein, was auf Windows-PCs sogar möglich ist.

① Stellen Sie als erstes sicher, dass auf dem Raspberry Pi das X-11 Forwarding eingeschaltet ist. So lange Sie (oder ein Programm) an der Standardkonfiguration von Raspbian nichts geändert haben, sollte dies der Fall sein. Öffnen Sie dazu mit einem Editor die Datei */etc/ssh/sshd_config*.

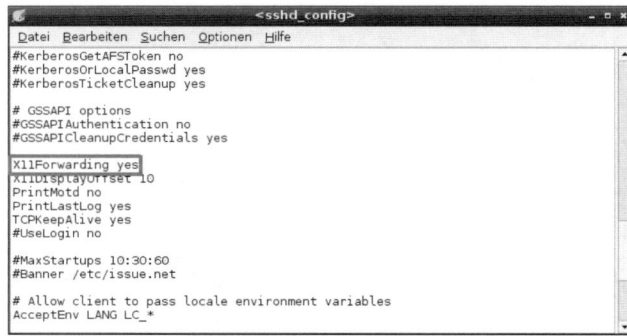

Bild 7.14:
In der Datei */etc/ ssh/sshd_config* muss X11Forwarding auf yes stehen.

② Wenn Sie per SSH auf dem Raspberry Pi angemeldet sind, können Sie den Leafpad-Editor nicht nutzen, da dieser ein grafisches Fenster benötigt. Raspbian liefert für solche Fälle noch einen weiteren, sehr einfachen Editor namens *Nano* mit, der im Konsolenfenster läuft.

```
sudo nano /etc/ssh/sshd_config
```

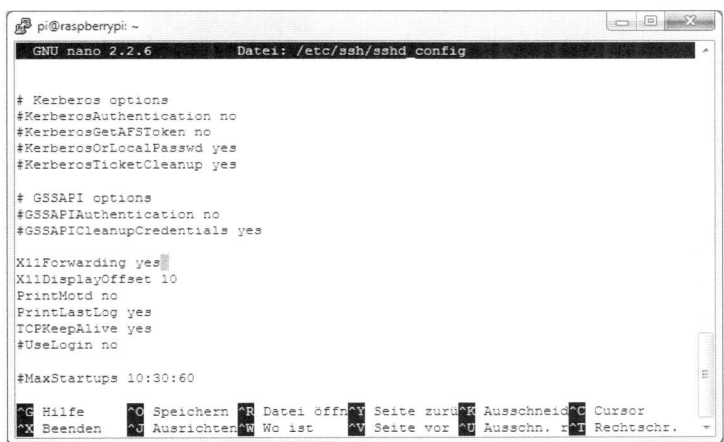

Bild 7.15: Mit dem Nano-Editor lassen sich Dateien auf dem Raspberry Pi auch innerhalb von PuTTY bearbeiten.

Der Nano-Editor

Der Nano-Editor läuft im Kommandozeilenfenster und kann ausschließlich per Tastatur bedient werden. Obwohl er so gut wie keinerlei Bedienungskomfort bietet, ist er erstaunlich leistungsstark. Die wichtigsten Befehle werden immer am unteren Bildschirmrand angezeigt, wobei das Zeichen ^ für die Taste Strg steht. Da diese Taste in einigen SSH-Anwendungen anderweitig genutzt wird und nicht als Tastendruck übertragen, kann man stattdessen auch die Taste Esc zweimal hintereinander drücken, um den entsprechenden Befehl auszuführen.

Die Tastenkombination Strg + G oder die Taste F1 liefern Hilfetexte sowie eine Übersicht aller Tastenkombinationen. Noch ausführlichere Informationen finden Sie auf der Webseite des Entwicklers: *www.nano-editor.org*

③ Sollte das X-11 Forwarding ausgeschaltet sein, ändern Sie den Parameter in der Datei und starten den Raspberry Pi neu. Auch das ist direkt in PuTTY möglich. Nach dem Neustart müssen Sie sich erneut verbinden und anmelden.

```
sudo reboot
```

④ Installieren Sie als nächstes auf dem Windows-PC den X-Server Xming von *sourceforge.net/projects/xming*.

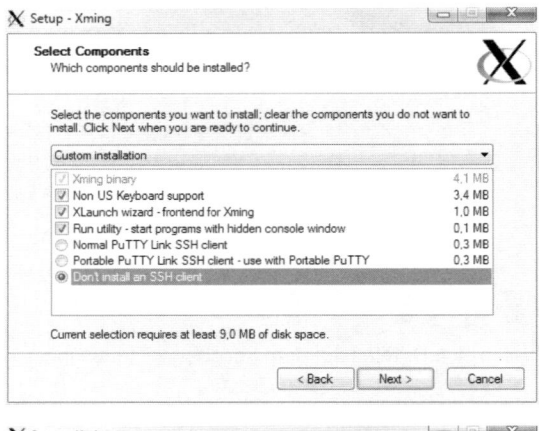

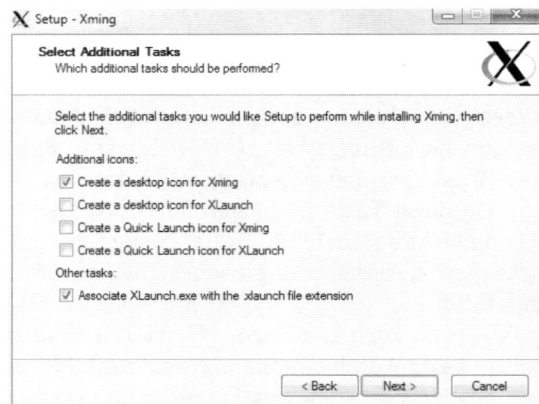

Bild 7.16: Wenn Sie PuTTY bereits laufen haben, schalten Sie die Installation eines SSH-Clients aus. Achten Sie aber darauf, dass *Non US Keyboard Support* eingeschaltet ist.

⑤ Starten Sie am Ende der Installation den X-Server automatisch. Außer einem neuen Icon im Infobereich der Taskleiste merken Sie davon nichts. Allerdings wird sich je nach Einstellung die Firewall melden.

Bild 7.17: Lassen Sie in der Firewall den Zugriff für Xming im lokalen Netzwerk zu. Andernfalls können Sie sich nicht mit dem Raspberry Pi verbinden.

⑥ Beenden Sie die SSH-Verbindung und starten Sie PuTTY neu. Öffnen Sie den Konfigurationsdialog über den Menüpunkt *Change Settings* und laden Sie unter *Session* Ihre gespeicherte Verbindung mit dem Raspberry Pi.

⑦ Gehen Sie links im Feld *Category* auf *Connection/SSH/X11* und schalten Sie dort den Schalter *Enable X11 forwarding* ein.

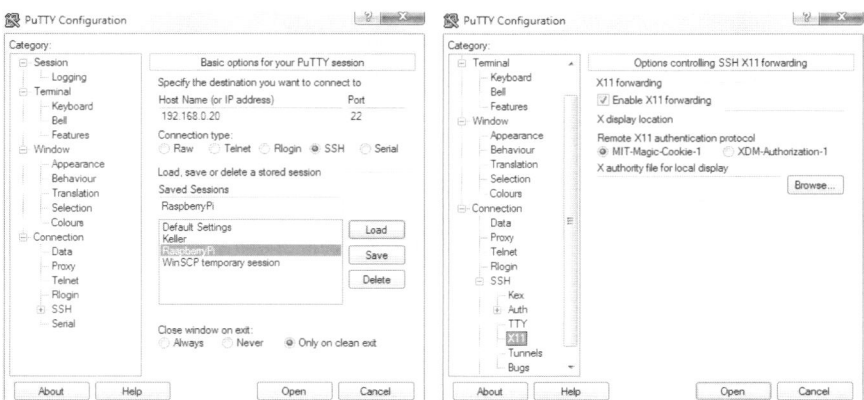

Bild 7.18: X11 Forwarding muss in PuTTY aktiviert sein.

⑧ Speichern Sie die Verbindung wieder und starten sie dann erneut. Starten Sie jetzt im PuTTY-Kommandozeilenfenster ein Programm auf dem Raspberry Pi, das eine grafische Oberfläche nutzt, wie z. B. den Bildbetrachter *gpicview*.

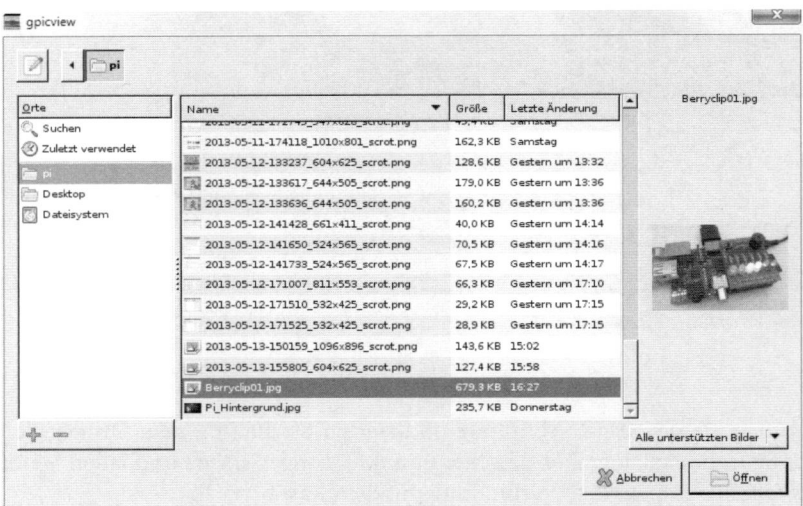

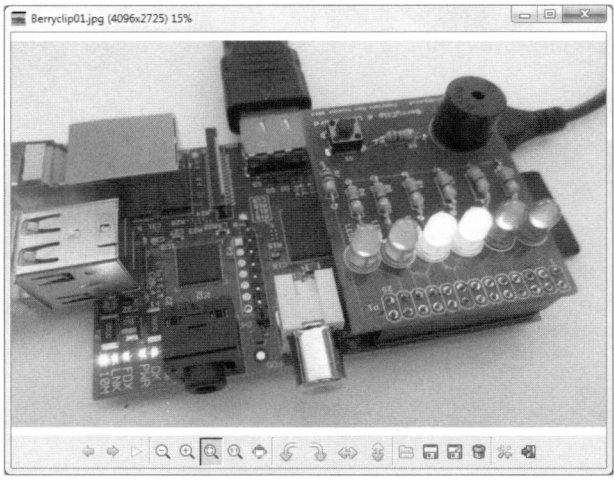

Bild 7.19: X11-Fenster werden als eigene Fenster auf dem Windows-PC geöffnet.

⑨ Möchten Sie das PuTTY-Konsolenfenster weiterhin zur Verfügung haben, während ein grafisches Programm läuft, starten Sie dieses im Hintergrund mit einem &-Zeichen:

```
pistore-desktop &
```

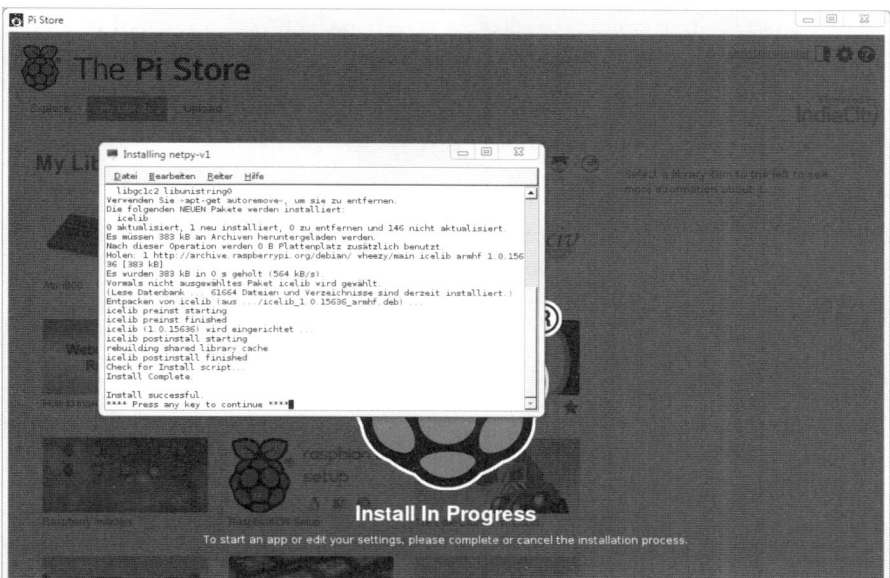

Bild 7.20: Auf diese Weise können Sie auch den Pi Store nutzen, um aus der Ferne über das Netzwerk Programme zu installieren, ohne direkt auf dem Raspberry Pi per Tastatur, Maus und Bildschirm angemeldet sein zu müssen.

Den Desktop auf einen anderen Computer übertragen

VNC – Virtual Network Computing – ist eine Technik, mit der man nicht nur einzelne Programme, sondern den kompletten Desktop eines Computers übertragen und dann darauf arbeiten kann. In einem Fenster auf dem Windows-PC ist der Linux-Desktop des Raspberry Pi zu sehen und kann mit Maus und Tastatur gesteuert werden. Am Raspberry Pi selbst brauchen, nachdem VNC installiert ist, keine Tastatur, kein Monitor und keine Maus angeschlossen zu sein.

VNC benötigt ähnlich wie SSH zwei Komponenten, einen VNC-Server auf dem Raspberry Pi sowie einen VNC-Viewer auf dem PC. VNC-Viewer gibt es diverse, für alle wichtigen Betriebssystemplattformen.

① Installieren Sie auf dem Raspberry Pi den VNC-Server *X11VNC* mit den folgenden Befehlen in einem LXTerminal-Fenster. Dieser bietet gegenüber dem einfachen Modul *vncserver* den Vorteil, dass er sich auch zur Zusammenarbeit zweier Personen auf einem Desktop eignet. Der Benutzer direkt am Raspberry Pi sieht, was der Benutzer aus der Ferne tut, und kann auch selbst eingreifen.

```
sudo apt-get update
sudo apt-get install x11vnc
```

② Legen Sie jetzt auf dem Raspberry Pi ein Passwort für den VNC-Server, das zur Anmeldung benötigt wird, mit dem folgendem Befehl fest. Dieses sollte ein anderes sein, als zur Anmeldung am Raspberry Pi verwendet wird.

```
x11vnc -storepasswd
```

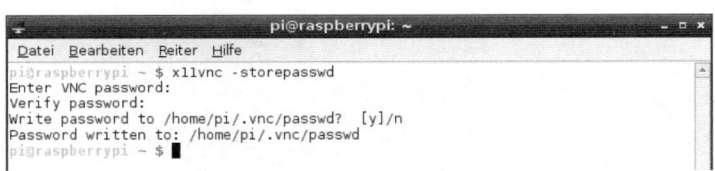

Bild 7.21: Schreiben Sie das Passwort in die Datei *passwd*

③ Starten Sie jetzt den VNC-Server auf dem Raspberry Pi:

```
x11vnc -forever -usepw -geometry 1072x600 -ultrafilexfer
```

④ Die Parameter haben folgende Bedeutungen:

`forever` lässt den VNC-Server weiterlaufen, wenn eine VNC-Verbindung beendet wurde. So steht er sofort für weitere Verbindungen zur Verfügung. Ohne diesen Parameter wird der VNC-Server beendet, wenn der Benutzer aus der Ferne seine VNC-Verbindung trennt.

`usepw` verwendet das zuvor mit `storepasswd` gespeicherte Passwort.

`geometry` gibt die Bildschirmauflösung des virtuellen Bildschirms auf dem VNC-Viewer an. Die angegebene Größe `1072x600` sollte in den meisten Fällen bei 16:9-Monitoren funktionieren. Nur bei ganz kleinen Bildschirmen, z. B. auf

Netbooks, müssen Sie eventuell eine kleinere Auflösung nehmen. Haben Sie am Raspberry Pi einen 4:3-Monitor, verwenden Sie -geometry 1024x768. Der VNC-Viewer übernimmt die Auflösung des Raspberry Pi und würde das Bild sonst verzerrt anzeigen.

ultrafilexfer unterstützt die Dateitransferfunktionen von UltraVNC.

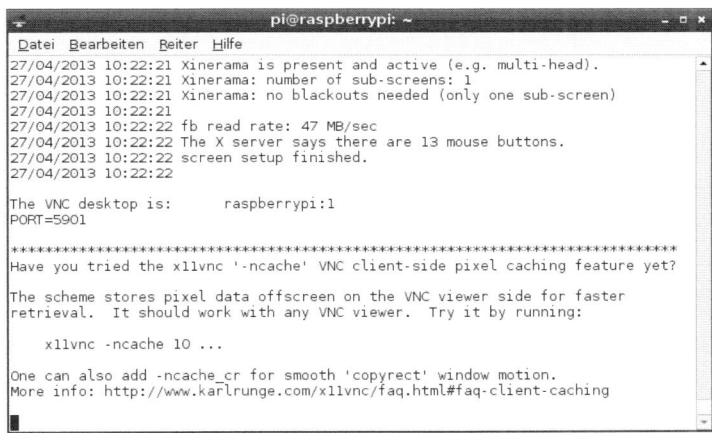

Bild 7.22: Bei erfolgreichem Start werden einige Meldungen angezeigt, die aber, solange keine auffälligen Fehler auftauchen, nicht beachtet werden müssen.

⑤ Installieren Sie auf dem PC einen VNC-Viewer. Gut bewährt hat sich UltraVNC von *www.uvnc.com*. Bei der Installation können Sie den UltraVNC-Server ausschalten. Für die Verbindung mit dem Raspberry Pi wird nur der UltraVNC-Viewer benötigt.

⑥ Starten Sie jetzt den UltraVNC-Viewer und tragen Sie oben im Feld *VNC-Server* die IP-Adresse des Raspberry Pi ein und mit einem Doppelpunkt dahinter den Port :5900.

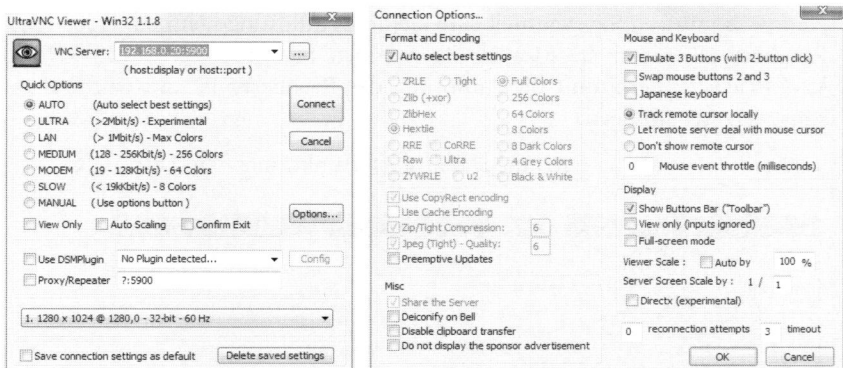

Bild 7.23: Lassen Sie die Verbindungsoptionen auf den Vorgabeeinstellungen stehen, diese funktionieren gut mit dem Raspberry Pi.

Nach erfolgreicher Verbindung erscheint eine Passwortabfrage, bei der Sie das zuvor auf dem Raspberry Pi festgelegte Passwort eingeben. Danach sehen Sie in einem neuen Fenster auf dem Windows-PC den LXDE-Desktop des Raspberry Pi und können diesen mit Maus und Tastatur steuern.

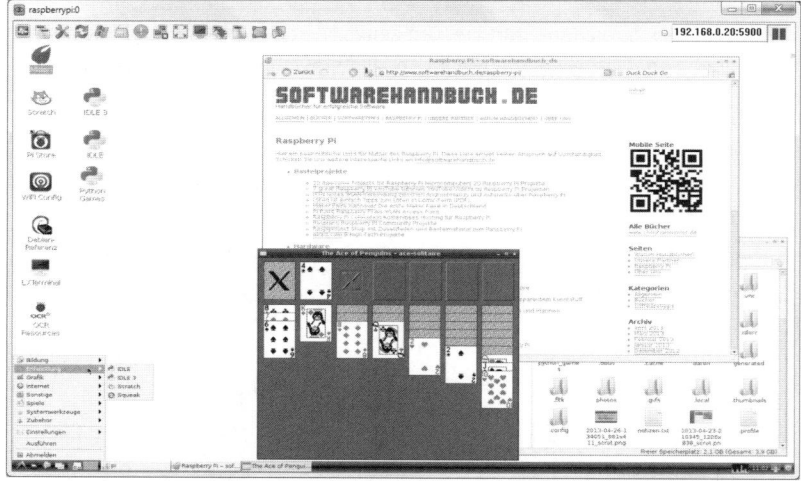

Bild 7.24: Der virtuelle Desktop im VNC-Viewer lässt sich wie der echte Raspberry Pi bedienen.

8 Eine Symbolleiste am oberen Bildschirmrand bietet die Möglichkeit, spezielle Befehle an den VNC-Server zu senden. Hier können Sie den Raspberry-Pi-Desktop auch in den Vollbildmodus auf dem PC schalten. Weitere spezielle, selten benötigte Funktionen finden Sie im Menü mit einem Klick auf das UltraVNC-Logo links oben in der Fenstertitelzeile.

9 UltraVNC bietet eine Funktion zum Dateitransfer zwischen VNC-Client und Server. Dies gehört nicht zum Standardfunktionsumfang von VNC und muss daher von beiden beteiligten Softwarekomponenten unterstützt werden. In Kombination mit `x11vnc -ultrafilexfer` ist eine Dateiübertragung möglich. Klicken Sie dazu auf das Symbol *Start File transfer* in der Symbolleiste oben.

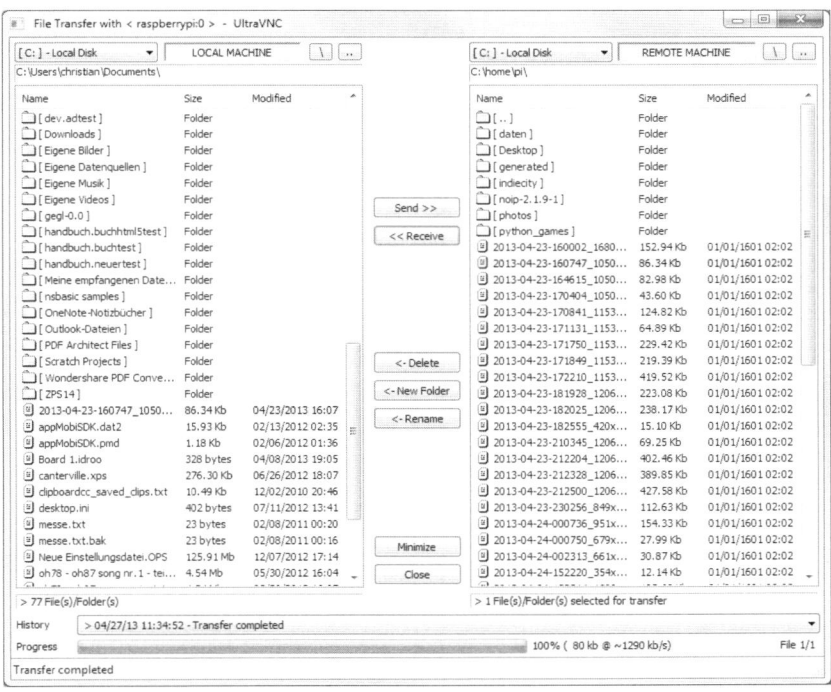

Bild 7.25: Links ist das Dateisystem des lokalen PCs, rechts das des Raspberry Pi zu sehen.

⑩ UltraVNC wurde zunächst für PC-Verbindungen entwickelt. Daher sieht die Verzeichnisstruktur im rechten Fenster beim Start nach Windows aus und zeigt keine wirklichen Linux-Verzeichnisse auf dem Raspberry Pi. Klicken Sie einmal auf das Symbol ⬚ oben rechts, um das Hauptverzeichnis anzuzeigen. Darunter finden Sie wie gewohnt alle Verzeichnisse auf dem Raspberry Pi. Wie in einem Dateimanager können Sie Dateien zwischen beiden Geräten hin und her kopieren, sowie auf dem Raspberry Pi Dateien löschen, umbenennen oder neue Verzeichnisse anlegen.

VNC-Server beim Booten automatisch mit starten

Möchten Sie einen Raspberry Pi ohne Monitor und Tastatur ausschließlich per VNC betreiben, muss der VNC-Server beim Booten automatisch mit gestartet werden. Gehen Sie dazu folgendermaßen vor:

❶ Legen Sie im Dateimanager das Verzeichnis */home/pi/.config/autostart* an. Das Verzeichnis *.config* ist bereits vorhanden. Es ist aber wie alle Linux-Verzeichnisse, deren Name mit einem Punkt beginnt, nur sichtbar, wenn im Menü des Dateimanagers unter *Ansicht* der Schalter *Verborgene Dateien anzeigen* eingeschaltet ist.

❷ Erstellen Sie in diesem Ordner eine Textdatei mit Namen vncboot.desktop, die die Einträge zum Start des VNC-Servers enthält. Stellen Sie dabei den Parameter -geometry auf einen zur verwendeten Hardware passenden Wert ein.

```
[Desktop Entry]
Encoding=UTF-8
Type=Application
Name=X11VNC
Exec=x11vnc -forever -usepw -geometry 1072x600 -ultrafilexfer
StartupNotify=false
Terminal=false
Hidden=false
```

❸ Starten Sie jetzt den Raspberry Pi neu. Dazu müssen kein Monitor und keine Tastatur mehr angeschlossen sein. Nach dem Booten können Sie sich per VNC von einem anderen Computer anmelden.

8 Webprojekte auf dem eigenen Webserver

Zum Basteln eigener Webseiten braucht man immer einen Webserver, da viele Webanwendungen, wie z. B. PHP-Skripte, nicht lokal im Browser laufen. Nur reine HTML-Seiten lassen sich offline auf einem PC entwickeln. Webserver können dynamische Webseiten mit PHP oder anderen Skriptsprachen generieren sowie Datenbanken, wie MySQL oder SQLite nutzen. Wer keinen Webserver im Internet zur Verfügung hat, oder nicht mal einen Internetzugang, kann für kleine Webprojekte den Raspberry Pi als Webserver konfigurieren und direkt darauf oder über eine lokale Netzwerkverbindung eigene Webapps und Webseiten erstellen.

8.1   Webserver-Pakete für den Raspberry Pi

Die meisten großen Webserver bei Webhostern laufen unter Linux. Hier werden verschiedene Webserver-Pakete für unterschiedliche Ansprüche angeboten. Der Webserver Lighttpd ist eine schlanke Alternative zum mächtigen Apache-Webserver, der für größere Projekte verwendet wird. Lighttpd kommt problemlos mit den geringen Hardwareressourcen eines Raspberry Pi zurecht.

Legen Sie als erstes ein Basisverzeichnis für den Webserver an, in dem sich später die Dateien Ihrer Webseite befinden. Fast alle Webserver verwenden hierfür das Verzeichnis */var/www*. Tippen Sie diesen Befehl, wie auch alle folgenden, in einem LXTerminal-Fenster ein:

```
sudo mkdir /var/www
```

Als nächstes brauchen die meisten Webserver einen speziellen Benutzer *www-data*, der in einer eigenen gleichnamigen Benutzergruppe enthalten ist. Legen Sie zunächst die Gruppe an:

```
sudo addgroup www-data
```

Jetzt legen Sie noch den Benutzer *www-data* an, der von Anfang an Mitglied dieser Gruppe sein soll:

```
sudo adduser --ingroup www-data www-data
```

In einigen Fällen sind die Gruppe und der Benutzer bereits vorhanden. Die Befehle führen dann zu einer entsprechenden Meldung. Als Nächstes machen Sie den neuen Benutzer zum Eigentümer des Verzeichnisses *var/www*:

```
sudo chown -R www-data:www-data /var/www
```

Fügen Sie den Standardbenutzer *pi* ebenfalls dieser Gruppe hinzu, um nicht jedes Mal den Benutzer wechseln zu müssen, wenn Sie manuell eine Datei auf dem Webserver bearbeiten möchten:

```
sudo adduser pi www-data
```

Um diese Änderung wirksam zu machen, um also wirklich Mitglied der Gruppe zu sein, müssen Sie sich einmal abmelden und wieder anmelden.

Sorgen Sie noch dafür, dass nur die Gruppe *www-data* Schreibzugriff auf das Datenverzeichnis des Webservers hat und keine anderen Benutzer. Dies ist eigentlich nur wichtig, wenn der Webserver auch außerhalb der eigenen Entwicklungsumgebung verwendet wird, kann aber zu Testzwecken hilfreich sein, um das Verhalten gegenüber anonymen Besuchern der Webseite zu überprüfen.

```
sudo chmod -R 775 /var/www
```

Jetzt geht es an die eigentliche Installation des Webservers und der dazu passenden PHP-Erweiterung:

```
sudo apt-get update
sudo apt-get install lighttpd php5-cgi
```

Ein Update der Paketlisten sollte man vor einer Installation immer durchführen, wenn man länger nichts installiert hat. Die Installation kann einige Minuten dauern. Alternativ können Sie die beiden Pakete *lighttpd* und *php5-cgi* auch über die Paketverwaltung Synaptic installieren. Am Ende wird der Webserver *lighttpd* automatisch gestartet. Eventuell auftauchende Warnungen können Sie ignorieren. Bei der Installation wird automatisch ein Startskript angelegt, das den Webserver beim Start des Raspberry Pi jedes Mal mit startet.

Um die grundlegende Funktion des Webservers zu testen, öffnen Sie den Midori-Browser und geben dort die URL *http://localhost* ein.

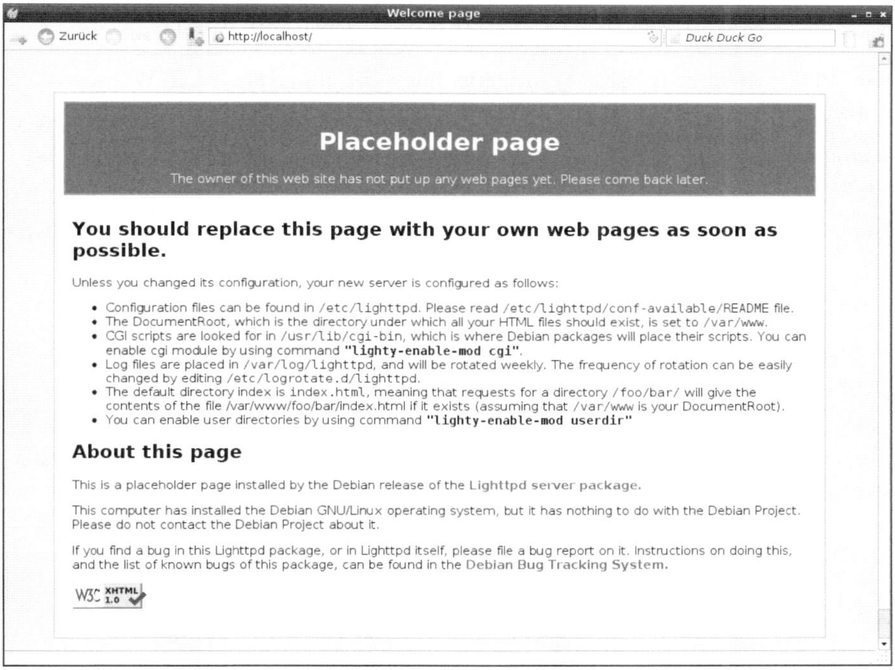
Welcome page
Zurück
http://localhost/
Duck Duck Go
Placeholder page
The owner of this web site has not put up any web pages yet. Please come back later.
You should replace this page with your own web pages as soon as possible.
Unless you changed its configuration, your new server is configured as follows:
Configuration files can be found in /etc/lighttpd. Please read /etc/lighttpd/conf-available/README file.
The DocumentRoot, which is the directory under which all your HTML files should exist, is set to /var/www.
CGI scripts are looked for in /usr/lib/cgi-bin, which is where Debian packages will place their scripts. You can enable cgi module by using command "lighty-enable-mod cgi".
Log files are placed in /var/log/lighttpd, and will be rotated weekly. The frequency of rotation can be easily changed by editing /etc/logrotate.d/lighttpd.
The default directory index is index.html, meaning that requests for a directory /foo/bar/ will give the contents of the file /var/www/foo/bar/index.html if it exists (assuming that /var/www is your DocumentRoot).
You can enable user directories by using command "lighty-enable-mod userdir"
About this page
This is a placeholder page installed by the Debian release of the Lighttpd server package.
This computer has installed the Debian GNU/Linux operating system, but it has nothing to do with the Debian Project. Please do not contact the Debian Project about it.
If you find a bug in this Lighttpd package, or in Lighttpd itself, please file a bug report on it. Instructions on doing this, and the list of known bugs of this package, can be found in the Debian Bug Tracking System.
W3C XHTML 1.0

Bild 8.1: Die Startseite des Webservers zeigt ein paar Konfigurationstipps.

Webserver im LAN testen

Der Webserver steht sogleich auch im lokalen Netzwerk zur Verfügung. Geben Sie auf einem anderen PC die IP-Adresse des Raspberry Pi im Browser ein, z. B.: *http://192.168.0.20*, so erscheint die gleiche Seite. Die IP-Adresse finden Sie auf dem Raspberry Pi mit dem Befehl `ip addr` heraus.

8.2   Das Fundament für PHP-Seiten vorbereiten

Um PHP-Seiten, z. B. eine Fotogalerie oder ein Blog, auf dem Webserver zu nutzen, müssen Sie das *fastcgi*-Modul noch aktivieren.

```
sudo lighty-enable-mod fastcgi
sudo lighty-enable-mod fastcgi-php
```

Laden Sie danach, wie im LXTerminal-Fenster angegeben, die veränderte Webserver-Konfiguration neu:

```
sudo /etc/init.d/lighttpd force-reload
```

In Zukunft startet der Webserver bei jedem Start des Raspberry Pi automatisch. Sie brauchen sich um nichts weiter zu kümmern.

Um die Funktionalität von PHP auf dem Webserver zu testen, erstellen Sie im Verzeichnis */var/www* eine neue Datei *index.php*. Wechseln Sie dazu im Dateimanager in dieses Verzeichnis, klicken Sie mit der rechten Maustaste und wählen Sie *Neu / Leere Datei,* oder rufen Sie den Editor direkt von der Kommandozeile auf:

```
leafpad /var/www/index.php
```

Tragen Sie in diese Datei die folgende Textzeile ein und speichern Sie sie danach:

```
<?php phpinfo(); ?>
```

Rufen Sie jetzt wieder den Webserver im Browser auf dem Raspberry Pi mit *http://localhost* bzw. von einem anderen Computer im Netzwerk über die IP-Adresse auf.

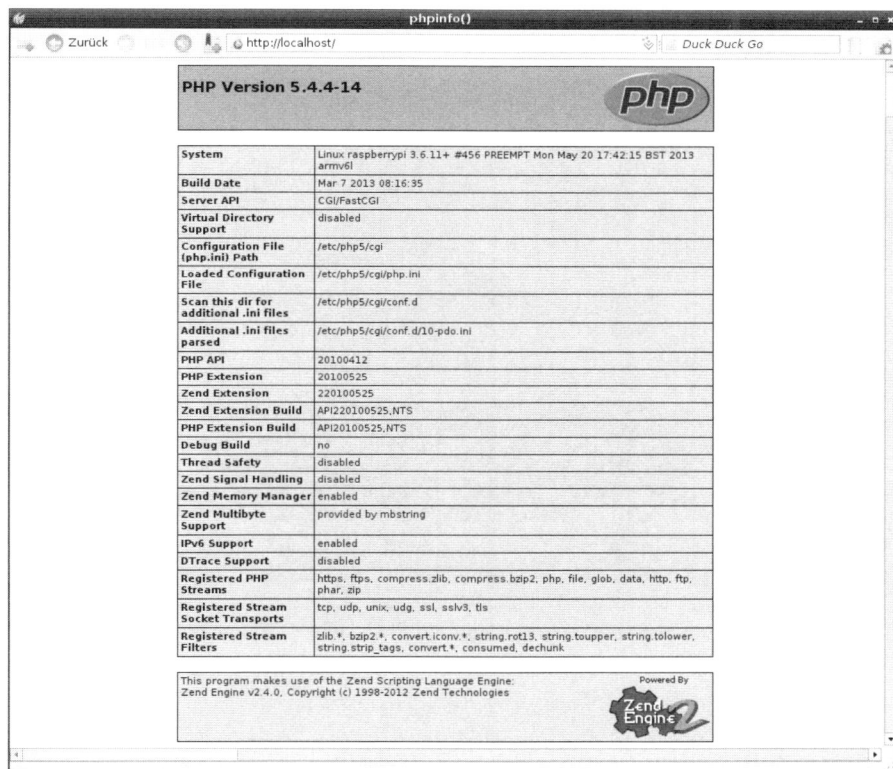

Bild 8.2: Die PHP-Informationsseite des Webservers.

Anstelle der Infoseite des Webservers erscheint jetzt eine dynamisch erzeugte Übersicht von PHP, die alle PHP-Variablen und Konfigurationsdaten auflistet.

Jetzt können Sie eigene PHP-Projekte auf dem Webserver starten oder auch dateibasierte CMS-Systeme wie *PhotoShow* (*www.photoshow-gallery.com*) oder *Kirby* (*getkirby.com*) installieren und nutzen.

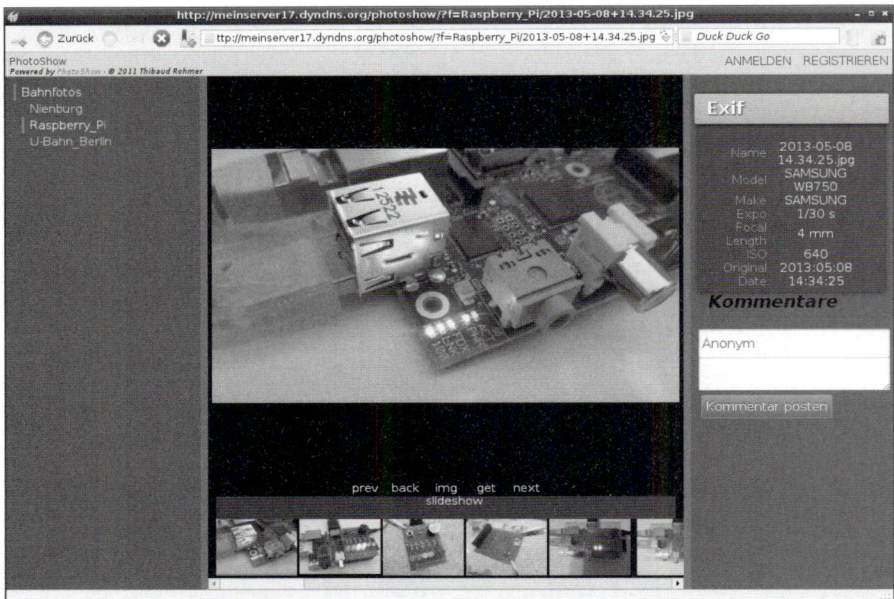

Bild 8.3: Die Fotogalerie *PhotoShow* benötigt nur PHP, keine Datenbank auf dem Webserver.

8.3   Einrichten einer CMS-Umgebung

Die meisten CMS-Systeme zum Erstellen von Webseiten und Blogs benötigen eine Datenbank im Hintergrund. Diese muss eigens installiert werden. Auf Webservern verwendet man üblicherweise die bekannte Datenbank MySQL, die allerdings sehr leistungshungrig ist und daher auf dem Raspberry Pi Webseiten nur langsam darstellt. Für kleinere Testprojekte im lokalen Netzwerk funktioniert sie aber, und es können sogar CMS-Systeme wie Joomla, Contao oder WordPress verwendet werden.

Installieren Sie das Datenbanksystem MySQL:

```
sudo apt-get install mysql-server mysql-client php5-mysql
```

Während der Installation werden Sie aufgefordert, ein Passwort für den Datenbankbenutzer *root* anzulegen. Dabei handelt es sich nicht um den gleichnamigen

Linux-Superuser. Geben Sie diesem Datenbankbenutzer ein anderes Passwort. Für Testzwecke im lokalen Netzwerk brauchen Sie keine weiteren Datenbankbenutzer. Auch CMS-Systeme, die mit der MySQL-Datenbank auf dem Raspberry Pi im lokalen Netzwerk arbeiten, können diesen Benutzer verwenden.

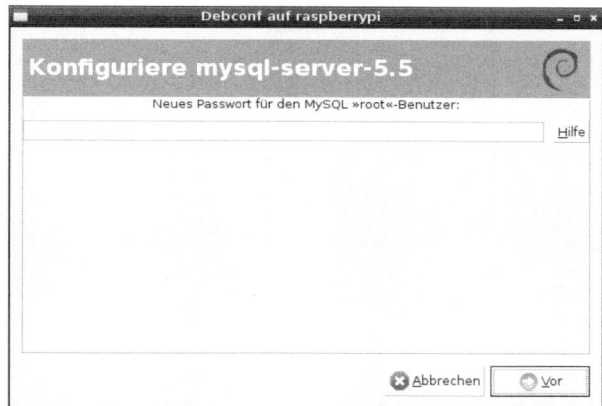

Bild 8.4: Zur Konfiguration von MySQL muss zunächst nur ein Passwort für den root-Benutzer festgelegt werden.

Zur einfacheren Konfiguration von MySQL und zur Verbindung mit dem Webserver installieren Sie jetzt noch das Paket phpMyAdmin.

```
sudo apt-get install phpmyadmin
```

Während der Installation sind ein paar Eingaben erforderlich. Wählen Sie als Erstes den Webserver aus, der automatisch konfiguriert werden soll. In unserem Fall ist das *lighttpd*.

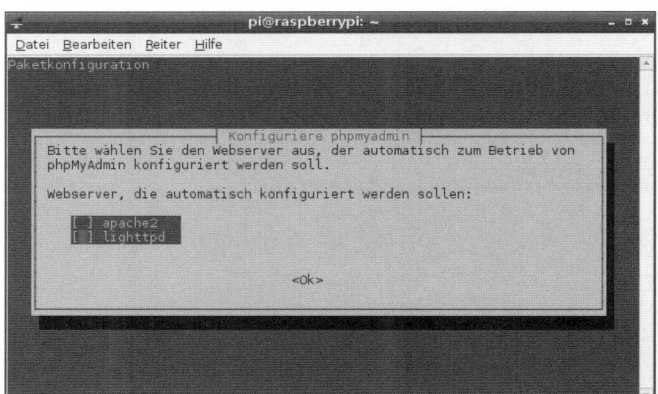

Bild 8.5:
phpMyAdmin
unterstützt die beiden
bekannten
Webserver Apache 2
und Lighttpd.

Im nächsten Schritt muss eine Datenbank angelegt werden, die für das webbasierte Konfigurationstool verwendet wird. Bestätigen Sie hier einfach mit *Ja*, dass diese Datenbank automatisch angelegt wird.

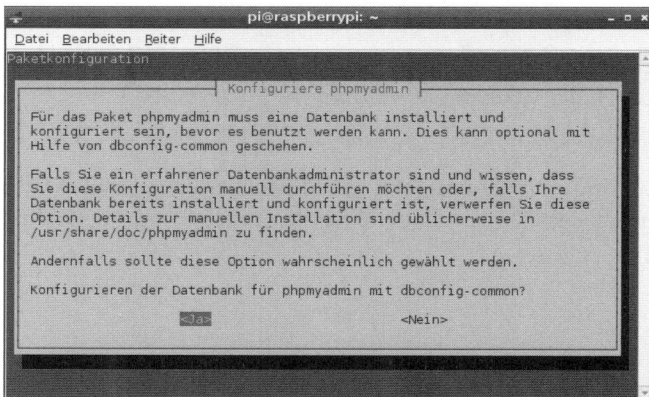

Bild 8.6: Es gibt
keinen ersichtlichen
Grund, warum man
diese Datenbank
manuell anlegen
sollte.

Jetzt müssen Sie noch das Passwort des root-Benutzers für MySQL angeben, dass Sie zuvor bei der MySQL-Installation festgelegt haben. Danach geben Sie noch ein Passwort an, das nur für den Zugriff von phpMyAdmin auf die MySQL-Datenbank benötigt wird. Dieses können Sie zufällig generieren lassen, da Sie es als Anwender selbst nie brauchen.

Legen Sie einen symbolischen Link an, damit der Webserver auf phpMyAdmin zugreifen kann:

```
sudo ln -s /usr/share/phpmyadmin /var/www/phpmyadmin
```

Starten Sie den Webserver neu:

```
sudo /etc/init.d/lighttpd restart
```

Rufen Sie jetzt im Browser das Konfigurationstool phpMyAdmin über die Adresse *http://localhost/phpmyadmin* auf und melden Sie sich mit den Zugangsdaten des MySQL-root-Benutzers an.

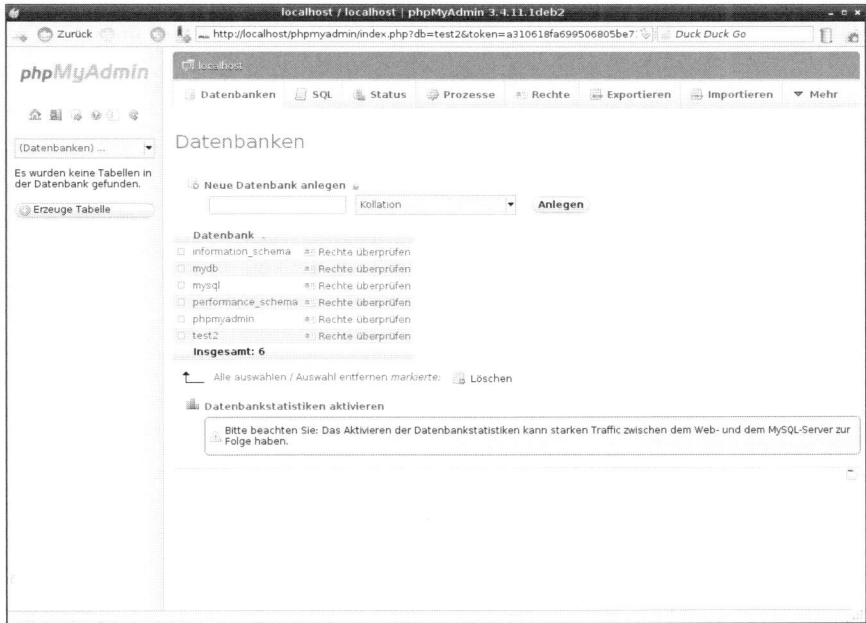

Bild 8.7: Im Bereich »Datenbanken« sehen Sie ein paar vordefinierte Datenbanken.

Legen Sie unter »Datenbanken« eine neue Datenbank an, die für das noch zu installierende CMS verwendet wird. Den Namen können Sie frei wählen, hier im Beispiel heißt die neue Datenbank *mydb*. CMS-Systeme haben keine festen Vorgaben für den Datenbanknamen, da dieser bei vielen Webhostern vorgegeben ist und nicht frei gewählt werden kann.

Um die Benutzerrechte für die Datenbank brauchen Sie sich hier keine Gedanken zu machen, da man auf einem kleinen Testsystem nicht mit unterschiedlichen Datenbankbenutzern arbeiten muss. Viele CMS-Systeme verwenden ohnehin meist den Datenbankbenutzer *root*.

Nachdem die Datenbank eingerichtet ist, installieren Sie das gewünschte CMS auf dem Webserver. Die Einzelheiten der Installation sind bei jedem CMS anders, das Grundprinzip ist immer ähnlich, wie am Beispiel des schlanken CMS *Contao* (*contao.org/de*) gezeigt wird.

Laden Sie sich die Installationsdateien für das CMS auf der Webseite des Herstellers herunter. Üblicherweise werden die CMS-Systeme als Archive im zip- oder tar.gz-Format geliefert. Entpacken Sie das Archiv in ein Unterverzeichnis des Webserververzeichnisses */var/www*.

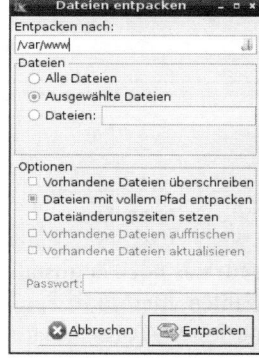

Bild 8.8: Alle Dateien müssen mit vollen Pfaden entpackt werden, da die meisten Installationspakete diverse Unterverzeichnisse enthalten.

Setzen Sie den Webserverbenutzer *www-data* als Eigentümer der Software, andernfalls kann der Webserver bei vielen CMS-Systemen nicht alle Funktionen nutzen und die Konfigurationsdateien nicht verändern:

```
sudo chown -R www-data:www-data /var/www/contao
```

Und geben Sie der Gruppe *www-data* Schreibrechte auf die Dateien:

```
sudo chmod -R 775 /var/www/contao
```

Öffnen Sie jetzt im Browser das Verzeichnis der CMS-Installation, z. B.: *http://localhost/contao*. Bei den meisten CMS-Systemen startet das Installationsskript oder es wird zumindest ein Hinweis angezeigt, wie es zu starten ist.

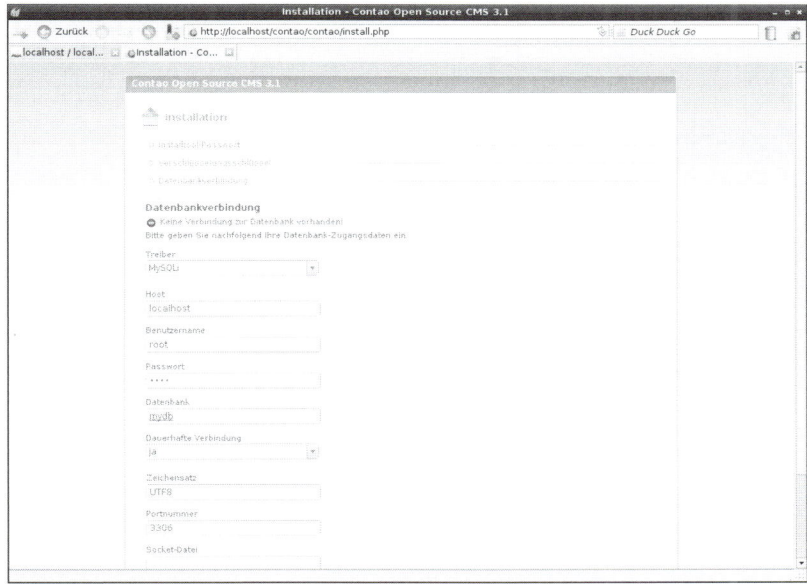

Bild 8.9: Typische Installation eines CMS (Beispiel: *Contao*).

Während der Einrichtung werden Sie bei den meisten CMS-Systemen nach dem Namen der Datenbank, dem Datenbankbenutzernamen und Passwort sowie dem Datenbankserver gefragt. Der Datenbankserver heißt immer `localhost`, als Datenbanknamen geben Sie den Namen der in phpMyAdmin angelegten Datenbank ein und als Datenbankbenutzer können Sie den Benutzer `root` aus MySQL mit dessen Passwort verwenden. Die übrigen Einstellungen können Sie üblicherweise auf den voreingestellten Werten stehen lassen. Alle modernen CMS sind so ausgelegt, dass sie mit Standardwerten arbeiten bzw. sinnvolle Vorgaben vorschlagen, die mit jeder Serverkonfiguration funktionieren.

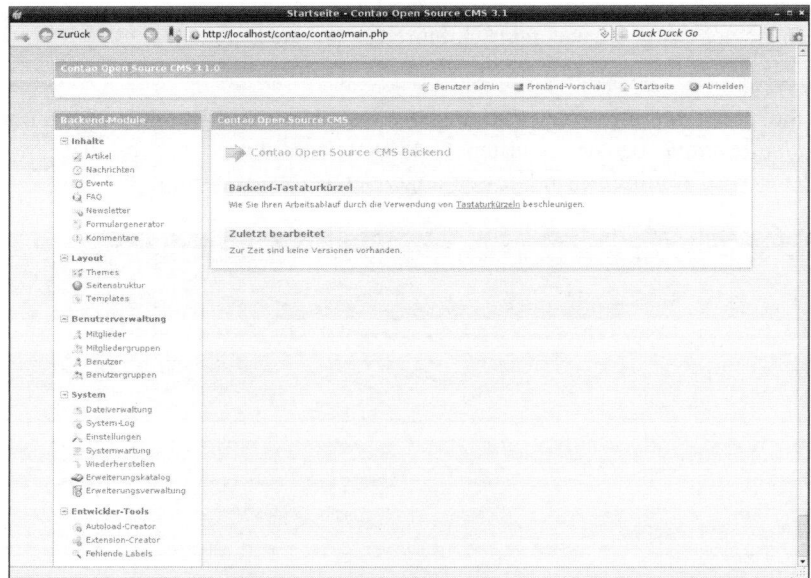

Bild 8.10: Typisches Backend eines CMS (Beispiel: *Contao*).

Nach der Installation, die üblicherweise nur einige Sekunden bis Minuten dauert, öffnet sich das Backend des CMS, wo Sie anfangen können, die ersten Artikel zu erstellen. Eine Internetverbindung ist nicht nötig, da das CMS komplett auf dem Webserver auf dem Raspberry Pi läuft.

Backend und Frontend
Die meisten CMS-Systeme unterscheiden zwei Ansichten der Webseite: das Backend (die Hintertür), in dem der Redakteur die Inhalte hinzufügt und bearbeitet, sowie das Frontend, das der Besucher der Webseite sieht.

9 Mit Spaß und Python programmieren

Der Raspberry Pi wurde ursprünglich entwickelt, um Kindern und Jugendlichen den Spaß am Programmieren und Basteln mit Elektronik nahe zu bringen. Zum Einstieg in die Programmierung wurde die Programmiersprache Python vorinstalliert, zum Basteln mit Elektronik befindet sich auf dem Raspberry Pi der sogenannte GPIO-Port, eine frei programmierbare Schnittstelle zum Ansteuern von LEDs und weiterer Hardware. Python überzeugt durch seine klare Struktur, die einen einfachen Einstieg in das Programmieren erlaubt, ist aber auch eine ideale Sprache, um »mal schnell« etwas zu automatisieren, was man sonst von Hand erledigen würde. Da keine Variablendeklarationen, Typen, Klassen oder komplizierte Regeln zu beachten sind, macht das Programmieren wirklich Spaß.

Python 2.7.3 oder 3.3.0?
Auf dem Raspberry Pi sind gleich zwei Versionen von Python vorinstalliert. Leider verwendet die neueste Python-Version 3.x teilweise eine andere Syntax als die bewährte Version 2.x, sodass Programme aus der einen Version nicht mit der anderen laufen. Einige wichtige Bibliotheken, wie z. B. das bekannte PyGame zur Programmierung von Spielen und grafischen Bildschirmausgaben im Allgemeinen sind noch nicht für Python 3.x verfügbar. Deshalb, und weil auch die meisten im Internet verfügbaren Programme für Python 2.x geschrieben wurden, verwenden wir in diesem Buch die bewährte Python-Version 2.7.3. Sollte auf Ihrem Raspberry Pi eine ältere Python-Version mit einer Versionsnummer 2.x installiert sein, funktionieren unsere Beispiele gleichermaßen damit.

9.1 Starten des Python-Eingabefensters

IDLE

Bild 9.1: Python 2.7.3 wird mit dem Symbol *IDLE* auf dem Desktop gestartet. Hier erscheint ein auf den ersten Blick simples Eingabefenster mit einem Befehlsprompt.

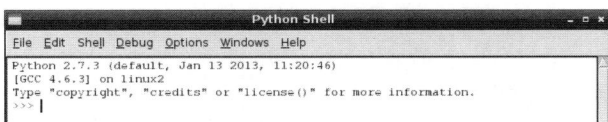

Bild 9.2: Das Eingabefenster der Python-Shell.

In diesem Fenster öffnen Sie vorhandene Python-Programme, schreiben neue oder können auch direkt Python-Kommandos interaktiv abarbeiten, ohne ein eigentliches Programm schreiben zu müssen. Geben Sie z. B. am Prompt Folgendes ein:

```
>>> 1+2
```

erscheint sofort die richtige Antwort:

```
3
```

Auf diese Weise lässt sich Python als komfortabler Taschenrechner verwenden, was aber noch nichts mit Programmierung zu tun hat.

Üblicherweise fangen Programmierkurse mit einem *Hallo-Welt*-Programm an, das auf den Bildschirm die Worte »Hallo Welt« schreibt. Dieses Kapitel ist kein kompletter Programmierkurs, aber ein »Hallo Welt« ist in Python derart einfach, dass es sich nicht einmal lohnt, dafür eine eigene Überschrift zu vergeben. Tippen Sie einfach folgende Zeile im Python-Shell-Fenster ein:

```
>>> print "Hallo Welt"
```

Dieses erste »Programm« schreibt dann *Hallo Welt* in die nächste Zeile auf dem Bildschirm.

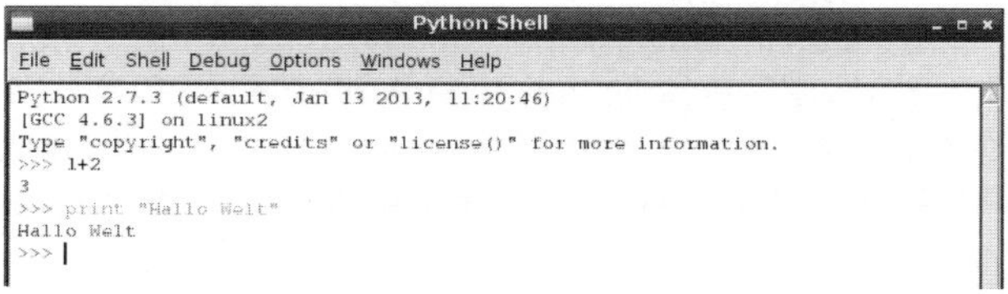

Bild 9.3: *Hallo Welt* in Python (oberhalb ist noch die Ausgabe der Berechnung zu sehen).

Hier sehen Sie auch gleich, dass die Python-Shell zur Verdeutlichung automatisch verschiedene Textfarben verwendet. Python-Kommandos sind orange, Zeichenketten grün und Ergebnisse blau. Später werden Sie noch weitere Farben entdecken.

9.2 Syntaxelemente auf kleinen Spickzetteln

Dieses Kapitel will kein vollständiger Python-Programmierkurs sein. Die wichtigsten Syntaxelemente der Sprache Python werden in Form kleiner »Spickzettel« kurz beschrieben. Diese basieren auf den Python Flashcards von David Whale. Was es damit genau auf sich hat, finden Sie bei: *bit.ly/pythonflashcards*. Diese Flashcards erklären nicht die technischen Hintergründe, sondern beschreiben nur anhand ganz kurzer Beispiele die Syntax, wie etwas gemacht wird. Ausführliche Programmierbeispiele mit Hintergrundwissen folgen im nächsten Kapitel.

Ausgabe auf dem Bildschirm

Um Texte oder Inhalte von Variablen im Konsolenfenster auszugeben, verwendet Python den Befehl `print`.

```
print "Hallo Welt"

name = "Fred"
print name

print "Hallo " + name + " wie geht es Dir?"
```

Variablen vom Typ String

String-Variablen enthalten beliebige Zeichenketten und können mit dem +-Operator miteinander verknüpft werden.

```
vorname = "Fred"
nachname = "Schmidt"
name = vorname + " " + nachname
gruss = "Hallo "
gruss += name
print gruss
```

Variablen vom Typ Number

Number-Variablen enthalten Zahlenwerte, mit denen das Programm rechnen kann.

```
sekInMin = 60
minInStd = 60
stdInTag = 24
```

```
sekInTag = sekInMin * minInStd * stdInTag
print sekInTag
```

Eingabe durch den Benutzer

Die Eingabefunktion `raw_input()` ermöglicht Benutzereingaben. Diese werden in String-Variablen gespeichert. Um Zahlen einzugeben, müssen die String-Variablen in Zahlenwerte umgewandelt werden.

```
name = raw_input("wie ist Dein Name?")
print "Hallo " + name

alter = int(raw_input("Wie alt bist Du?"))
print "nächstes Jahr bist Du " + str(alter+1)
```

Bedingungen mit if

Das Wort `if` (englisch: wenn) steht für eine Bedingung. Ist diese erfüllt, wird der folgende eingerückte Programmteil ausgeführt.

```
alter=10
if alter > 16:
    print "Du bist fertig mit der Schule"
a=1
if a==1:
    print "gleich"
if a!=1:
    print "nicht gleich"
if a<1:
    print "kleiner"
if a>1:
    print "größer"
if a<=1:
    print "kleiner oder gleich"
if a>=1:
    print "größer oder gleich"
```

Bedingungen mit if – else

Hinter dem Programmteil, der ausgeführt wird, wenn die Bedingung erfüllt ist, kann ein weiterer Block mit dem Schlüsselwort `else` stehen. Der darauf folgende Programmteil wird ausgeführt, wenn die Bedingung nicht erfüllt ist.

```
alter=10
if alter>17:
    print "Du darfst Auto fahren"
else:
    print "Du bist nicht alt genug"
```

Bedingungen mit if – elif – else

Gibt es mehr Alternativen als nur richtig und falsch, lassen sich mit dem Wort `elif` weitere Bedingungen einfügen. Diese werden nur abgefragt, wenn keine der vorherigen Bedingungen wahr ist. Ist keine der Bedingungen wahr, wird der letzte Programmblock hinter `else` ausgeführt.

```
alter=10
if alter<4:
    print "Du bist in der Kinderkrippe"
elif alter<6:
    print "Du bist im Kindergarten"
elif alter<10:
    print "Du bist in der Grundschule"
elif alter<19:
    print "Du bist im Gymnasium"
else:
    print "Du hast die Schule verlassen"
```

Bedingungen mit and und or verknüpfen

Mehrere Bedingungen lassen sich miteinander verknüpfen. Bei einer Verknüpfung mit `and` müssen alle einzelnen Bedingungen erfüllt sein, bei einer Verknüpfung mit `or` mindestens eine.

```
a=1
b=2
if a>0 and b>0:
    print "Beide sind nicht Null"
```

```
if a>0 or b>0:
   print "Mindestens eine ist nicht Null"
```

Schleifen mit for

Schleifen mit for arbeiten eine bestimmte Anzahl von Durchläufen ab. Dabei kann auch ein Wertebereich oder eine Zeichenfolge angegeben werden. Die Schleife wird dann für jedes Zeichen der Zeichenfolge einmal ausgeführt.

```
total=20
for n in range(total):
   print n

for n in range(1,20):
   print n

name="Fred"
for ch in name:
   print ch
```

Schleifen mit while

Schleifen mit while werden so lange ausgeführt, wie die Bedingung erfüllt ist.

```
# Bohnen auf einem Schachbrett
# lege 1 Bohne auf das erste Feld
# lege 2 Bohnen auf das zweite Feld
# lege 4 Bohnen auf das dritte Feld
# wie lange, bis es 1000 Bohnen sind?
felder=0
bohnen=1
total=0
while total<1000:
   total += bohnen
   bohnen *= 2
   felder += 1
print "es dauert " + str(felder)
```

Die Zeilen, die mit einem # beginnen, sind Kommentare zur Verständlichkeit des Programms. Diese Zeilen werden vom Python-Interpreter nicht beachtet.

Funktionen ohne Parameter

Soll ein bestimmter Programmteil mehrfach und von verschiedenen Stellen im Programm aufgerufen werden, definieren Sie eine Funktion, anstatt den Programmtext immer wieder zu kopieren.

```
def meinname():
    print "Mein Name ist Fred"

meinname()
meinname()
meinname()
```

Funktionen mit Parametern

Definiert man mit einer Funktion einen oder mehrere Parameter, liefert die Funktion verschiedene Ergebnisse je nach den übergebenen Parametern.

```
def zeigename(name):
    print "Mein Name ist " + name

def info(name, alter):
    print "Mein Name ist " + name
    print "Mein Alter ist " + str(alter)

zeigename("Fred")
zeigename("Harry")

info("Fred", 10)
info("Harry", 20)
```

Funktionen mit Rückgabewert

Eine Funktion kann einen Wert zurückgeben, der mit return definiert wird. Der aufrufende Programmteil kann anschließend mit dem Rückgabewert der Funktion weiterrechnen.

```
def quadrat(n):
    return n*n

print quadrat(5)
print quadrat(10)

a=100
```

```
print quadrat(a)
print quadrat(a+10)

b=quadrat(a)
print b
```

Boolesche Wahr- und Falsch-Werte

Kann ein Wert nur den Zustand »Wahr« (True) oder »Falsch« (False) annehmen, kann dies als boolescher Wert gespeichert und ganz einfach abgefragt werden. Es ist kein Umweg über Zahlen, wie z. B. 1 oder 0, nötig.

```
nochmal = True
while nochmal:
    print "Hallo"

    antwort = raw_input("Nochmal spielen?")
    if antwort != "Ja" and antwort != "ja":
        nochmal = False

    print "denke..."
    if nochmal:
        print "Noch eine Runde"
```

9.3   Rate die Zahl: Das erste Spiel mit Python

Anstatt uns mit Programmiertheorie, Algorithmen und Datentypen aufzuhalten, schreiben wir gleich das erste kleine Spiel in Python, ein einfaches Ratespiel, in dem eine vom Computer zufällig gewählte Zahl vom Spieler in möglichst wenigen Schritten erraten werden soll.

① Wählen Sie im Menü der Python-Shell *File/New Window*. Hier öffnet sich ein neues Fenster, in das Sie den folgenden Programmcode eintippen:

```
import random
zahl = random.randrange (0, 1000)
tipp = 0
i = 0

while tipp != zahl:
    tipp = input("Dein Tipp:")
    if tipp > zahl:
```

```
        print "Die gesuchte Zahl ist kleiner als ",tipp

    if tipp < zahl:
        print "Die gesuchte Zahl ist größer als ",tipp

    i += 1
print "Du hast die Zahl beim ",i,". Tipp erraten"
```

❷ Speichern Sie die Datei über *File/Save As* als *spiel1.py* ab. Die Farbcodierung im Quelltext erscheint automatisch und hilft dabei, Tippfehler zu finden.

❸ Bevor Sie das Spiel starten, müssen Sie noch eine Besonderheit der deutschen Sprache berücksichtigen, nämlich die Umlaute. Python läuft auf verschiedensten Computerplattformen, die Umlaute unterschiedlich codieren. Damit sie richtig dargestellt werden, wählen Sie im Menü *Options / Configure IDLE* und schalten auf der Registerkarte *General* die Option *Locale-defined* im Bereich *Default Source Encoding* ein.

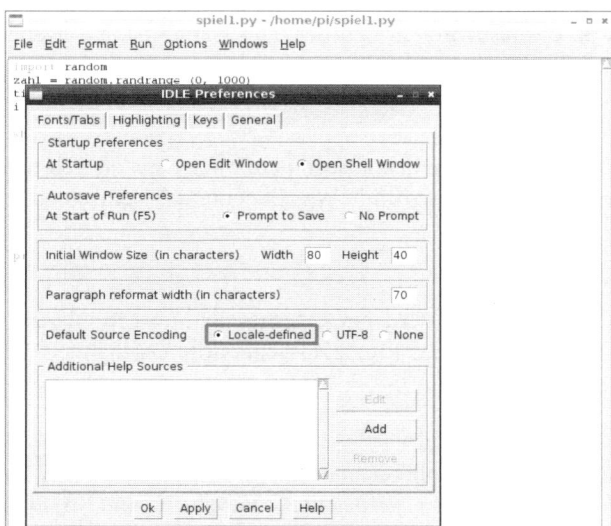

Bild 9.4: Die richtige Einstellung zur Darstellung von Umlauten in Python.

❹ Starten Sie jetzt das Spiel mit der Taste [F5] oder dem Menüpunkt *Run / Run Module.*

Bild 9.5: Zahlenraten in Python.

⑤ Das Spiel verzichtet der Einfachheit halber auf jede grafische Oberfläche sowie auf erklärende Texte oder Plausibilitätsabfragen. Im Hintergrund generiert der Computer eine Zufallszahl zwischen 0 und 1000. Geben Sie einfach einen Tipp ab, und Sie erfahren, ob die gesuchte Zahl größer oder kleiner ist. Mit weiteren Tipps tasten Sie sich an die richtige Zahl heran.

▶ So funktioniert es

Dass das Spiel funktioniert, lässt sich einfach ausprobieren. Jetzt stellen sich natürlich die Fragen: Was passiert im Hintergrund? Was bedeuten die einzelnen Programmzeilen?

```
import random
```

Um die zufällige Zahl zu generieren, wird ein externes Python-Modul namens random importiert, das diverse Funktionen für Zufallsgeneratoren enthält.

```
zahl = random.randrange (0, 1000)
```

Die Funktion randrange aus dem Modul random generiert eine Zufallszahl in dem durch die Parameter begrenzten Zahlenbereich, hier zwischen 0 und 1000. Diese Zufallszahl wird in der Variablen zahl gespeichert. Variablen sind in Python Speicherplätze, die einen beliebigen Namen haben und Zahlen, Zeichenfolgen, Listen oder andere Datenarten speichern können. Anders als bei einigen anderen Programmiersprachen müssen sie nicht vorher deklariert werden.

Wie entstehen Zufallszahlen?

Gemeinhin denkt man, in einem Programm könne nichts zufällig gesche-hen. Wie kann ein Programm dann in der Lage sein, zufällige Zahlen zu generieren? Teilt man eine große Primzahl durch irgendeinen Wert, erge-ben sich ab der x-ten Nachkommastelle Zahlen, die kaum noch vorher-sehbar sind. Diese ändern sich auch ohne jede Regelmäßigkeit, wenn man den Divisor regelmäßig erhöht. Dieses Ergebnis ist zwar scheinbar zufäl-lig, lässt sich aber durch ein identisches Programm oder mehrfachen Aufruf des gleichen Programms jederzeit reproduzieren. Nimmt man jetzt aber eine aus einigen dieser Ziffern zusammengebaute Zahl und teilt sie wiederum durch eine Zahl, die sich aus der aktuellen Uhrzeitsekunde oder dem Inhalt einer beliebigen Speicherstelle des Rechners ergibt, kommt ein Ergebnis heraus, das sich nicht reproduzieren lässt und daher als Zufalls-zahl bezeichnet wird.

```
tipp = 0
```

Die Variable tipp enthält später die Zahl, die der Benutzer tippt. Am Anfang ist sie 0.

```
i = 0
```

Die Variable i hat sich unter Programmierern als Zähler für Programmschleifen-durchläufe eingebürgert. Hier wird sie verwendet, um die Anzahl der Versuche zu zählen, wie viele Tipps der Benutzer brauchte, um die geheime Zahl zu erraten. Auch diese Variable steht am Anfang auf 0.

```
while tipp != zahl:
```

Das Wort while (englisch für »solange«) leitet eine Programmschleife ein, die in diesem Fall so lange wiederholt wird, wie tipp, die Zahl, die der Benutzer tippt, ungleich der geheimen Zahl zahl ist. Python verwendet die Zeichenkombination != für ungleich. Hinter dem Doppelpunkt folgt die eigentliche Programmschleife.

```
    tipp = input("Dein Tipp:")
```

Die Funktion input schreibt den Text Dein Tipp: und erwartet danach eine Eingabe, die in der Variablen tipp gespeichert wird.

Einrückungen sind in Python wichtig
In den meisten Programmiersprachen werden Programmschleifen oder
Entscheidungen eingerückt, um den Programmcode übersichtlicher zu
machen. In Python dienen diese Einrückungen nicht nur der Übersichtlichkeit, sondern sind für die Programmlogik zwingend nötig. Dafür braucht
man in dieser Sprache keine speziellen Satzzeichen, um Schleifen oder
Entscheidungen zu beenden.

```
if tipp > zahl:
```

Wenn die vom Benutzer getippte Zahl tipp größer als die geheime Zahl zahl ist,
dann ...

```
    print "Die gesuchte Zahl ist kleiner als ",tipp
```

... wird dieser Text ausgegeben. Am Ende steht hier die Variable tipp, damit die
getippte Zahl im Text angezeigt wird (s. Abbildung). Trifft diese Bedingung nicht
zu, wird die eingerückte Zeile einfach übergangen.

```
if tipp < zahl:
```

Wenn die vom Benutzer getippte Zahl tipp kleiner als die geheime Zahl zahl ist,
dann ...

```
    print "Die gesuchte Zahl ist größer als ",tipp
```

... wird ein anderer Text ausgegeben.

```
i += 1
```

In jedem Fall – deshalb nicht mehr eingerückt – wird der Zähler i, der die
Versuche zählt, um 1 erhöht. Die Zeile mit dem Operator += bedeutet das Gleiche
wie: i = i + 1

```
print "Du hast die Zahl beim ",i,". Tipp erraten"
```

Diese Zeile ist nicht mehr eingerückt, was bedeutet, hier ist auch die while-Schleife
zu Ende. Trifft also deren Bedingung nicht mehr zu, ist die vom Benutzer getippte
Zahl tipp nicht mehr ungleich (sondern gleich) der geheimen Zahl zahl, wird
dieser Text ausgegeben, der sich aus zwei Satzteilen und der Variablen i zusam-
mensetzt und so angibt, wie viele Versuche der Benutzer benötigte.

9.4   LEDs via GPIO-Ports leuchten lassen

Die 26-polige Stiftleiste in der Ecke des Raspberry Pi bietet die Möglichkeit, direkt Hardware anzuschließen, um z. B. über Taster Eingaben zu machen oder programmgesteuert LEDs leuchten zu lassen. Diese Stiftleiste wird als GPIO bezeichnet. Die englische Abkürzung *General Purpose Input Output* bedeutet auf Deutsch einfach *Allgemeine Ein- und Ausgabe*.

Von diesen 26 Pins lassen sich 17 wahlweise als Eingang oder Ausgang programmieren und so für vielfältige Hardwareerweiterungen nutzen. Die übrigen sind für Stromversorgung und andere Zwecke fest eingerichtet.

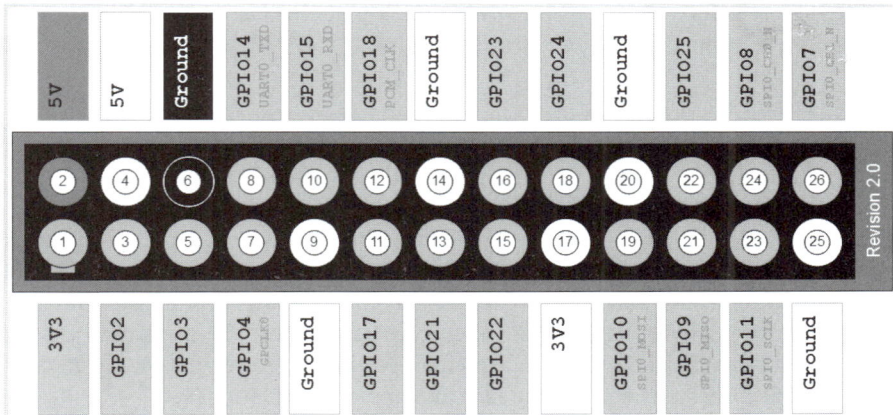

Bild 9.6: Belegung der GPIO-Schnittstelle. Die graue Linie oben und links bezeichnet den Rand der Platine. GPIO-Pin 2 liegt also ganz in der Ecke des Raspberry Pi.

Vorsicht
Verbinden Sie auf keinen Fall irgendwelche GPIO-Pins miteinander und warten ab, was passiert, sondern beachten Sie unbedingt folgende Hinweise:
Einige GPIO-Pins sind direkt mit Anschlüssen des Prozessors verbunden. Ein Kurzschluss kann den Raspberry Pi komplett zerstören. Verbindet man über einen Schalter oder eine LED zwei Pins miteinander, muss immer ein Vorwiderstand dazwischengeschaltet werden.

Verwenden Sie für Logiksignale immer den Pin 1, der +3,3 V liefert und bis 50 mA belastet werden kann. Pin 6 ist die Masseleitung für Logiksignale. Die anderen, mit *Ground* oder *3V3* bezeichneten Pins 9, 14, 17, 20, 25 sind für spätere Erweiterungen vorgesehen. Diese können zurzeit wie bezeichnet verwendet werden. Man sollte dies aber nicht tun, um die eigenen Projekte auch auf zukünftigen Raspberry-Pi-Versionen nutzen zu können. Jeder GPIO-Pin kann als Ausgang (z. B. für LEDs) oder als Eingang (z. B. für Taster) geschaltet werden. GPIO-Ausgänge liefern im Logikzustand *1* eine Spannung von +3,3 V, im Logikzustand *0* liefern sie 0 V. GPIO-Eingänge liefern bei einer Spannung bis +1,7 V das Logiksignal *0*, bei einer Spannung zwischen +1,7 V und +3,3 V das Logiksignal *1*.

Pin 2 liefert +5 V zur Stromversorgung externer Hardware. Hier kann so viel Strom entnommen werden, wie das USB-Netzteil des Raspberry Pi liefert. Dieser Pin darf aber nicht mit einem GPIO-Eingang verbunden werden.

Zusatzplatinen zum Basteln mit externer Hardware schließen Sie am besten über ein 26-poliges Flachbandkabel mit einem sogenannten Pfostenverbinder an. Derartige Kabel finden Sie für wenig Geld im Elektronikhandel oder sogar ganz kostenlos bei vielen Computerbastlern, denn mit den meisten Motherboards werden heute noch Anschlusskabel für einen Parallelport mitgeliefert, der meist auf dem Motherboard noch vorhanden ist, aber nicht mehr auf die Gehäuserückseite herausgeführt wird. Diese Kabel haben einen 26-poligen Anschluss, der genau auf den GPIO-Port passt. Die rote Ader ganz außen markiert den Pin 1.

Bild 9.7: Oben: Flachbandkabel, unten: einzelne Kabel aus einem ausgedienten PC, jeweils am GPIO-Port.

Benötigen Sie nur einzelne Pins, können Sie den Kabelstrang für die Front-LEDs und Reset-Taster aus einem ausgedienten Computergehäuse verwenden. Die Kontakte, mit denen diese Kabel am Motherboard angeschlossen sind, passen auf den GPIO-Port. Hier haben Sie auch gleich LEDs zur Verfügung. Nur die Schutzwiderstände von 330 Ohm sollten Sie noch einlöten.

Löten – einfach und richtig

Wer sich mit Hardwarebasteleien rund um den Raspberry Pi beschäftigt, wird ab und an auch mal etwas löten müssen. Für den Profi ist das kein Problem, für den Anfänger eigentlich auch nicht, wenn er ein paar wichtige Tipps beachtet. *Löten ist einfach* ist ein unterhaltsamer Comic mit Basiswissen für Hobbylöter: *bit.ly/178qobA*.

Elektronische Schaltungen ohne Löten aufbauen

Für den schnellen Aufbau elektronischer Schaltungen ohne Löten eignen sich Steckplatinen, sogenannte Breadboards, besonders gut. Hier können elektronische Bauteile direkt in ein Lochraster mit Standardabständen eingesteckt werden, ohne dass man löten muss. Bei diesen Platinen sind die äußeren Längsreihen von Kontakten alle miteinander verbunden. Diese Kontaktreihen werden als »+«- und »–«-Pol zur Stromversorgung der Schaltung genutzt. Die anderen Kontaktreihen sind jeweils quer miteinander verbunden, wobei in der Mitte der Platine eine Lücke ist. So können hier in der Mitte ICs oder andere Bauelemente eingesteckt und nach außen hin verdrahtet werden.

Zum Anschluss des GPIO-Ports an einem Breadboard liefern Hobbytronics (*www.hobbytronics.co.uk*) und Adafruit (*www.adafruit.com*) spezielle *Breakout Board Kits*, kleine Verbindungsplatinen, die auf das Breadboard gesteckt werden und einen Anschluss für das Flachbandkabel haben. Auf der Platine sind zur Übersicht die Kurzbezeichnungen der GPIO-Anschlüsse mit aufgedruckt. Das Breakout Board Kit wird in Einzelteilen geliefert. Um etwas Lötarbeit kommen Sie also nicht herum, da die Steckerleisten auf die Platine gelötet werden müssen.

Bild 9.8: Breakout Board Kit auf einem Breadboard mit angeschlossener LED am GPIO-Port 25.

LEDs an die GPIO-Ports anschließen

An die GPIO-Ports können für Lichtsignale und Lichteffekte LEDs angeschlossen werden. Dabei muss zwischen dem verwendeten GPIO-Pin und der Anode der LED ein 330-Ohm-Vorwiderstand eingebaut werden. Die Kathode der LED verbindet man mit der Masseleitung auf Pin 6.

LED in welcher Richtung anschließen?
Die beiden Anschlussdrähte einer LED sind unterschiedlich lang. Der längere von beiden ist der »+«-Pol, die Anode, der kürzere die Kathode. Einfach zu merken: Das »+«-Zeichen hat einen Strich mehr als das »–«-Zeichen und macht damit den Draht etwas länger. Außerdem sind die meisten LEDs auf der »–«-Seite abgeflacht, wie eben ein »–«-Zeichen.

Schließen Sie, wie auf dem Foto zu sehen, auf einer Steckplatine oder auch mit »fliegender« Verdrahtung eine LED über einen 330-Ohm-Vorwiderstand am GPIO-Port 25 (Pin 22) an und verbinden Sie den »–«-Pol der LED mit der Masseleitung (Pin 6). Bei einer Steckplatine brauchen Sie dazu nur die Masseschiene mit dem Pin 6 des Breakout Board Kits zu verbinden.

Bild 9.9: Eine LED am GPIO-Port 25.

Installieren der Python-GPIO-Bibliothek

Damit sich GPIO-Ports über Python-Programme nutzen lassen, muss die Python-GPIO-Bibliothek installiert sein. Sind Sie sich nicht sicher, ob alle notwendigen Module installiert sind, installieren Sie einmal die aktuellen Versionen:

```
sudo apt-get update
sudo apt-get install python-dev
sudo apt-get install python-rpi.gpio
```

Die GPIO-Ports sind, wie unter Linux für alle Geräte üblich, wie Dateien in die Verzeichnisstruktur eingebunden. Zum Zugriff auf diese Dateien braucht man root-Rechte. Starten Sie also die Python-Shell mit root-Rechten über ein LXTerminal:

```
sudo idle
```

Das nächste Programm *led.py* schaltet die LED für fünf Sekunden ein und danach wieder aus:

```
import RPi.GPIO as GPIO
import time

GPIO.setmode(GPIO.BCM)
GPIO.setup(25, GPIO.OUT)
GPIO.output(25, 1)
time.sleep(5)
GPIO.output(25, 0)
GPIO.cleanup()
```

Grundlegende Funktionen der RPi.GPIO-Bibliothek

Das Beispiel zeigt die wichtigsten grundlegenden Funktionen der RPi.GPIO-Bibliothek.

```
import RPi.GPIO as GPIO
```

Die Bibliothek `RPi.GPIO` muss in jedem Python-Programm importiert werden, in dem sie genutzt werden soll. Durch diese Schreibweise können alle Funktionen der Bibliothek über das Präfix GPIO angesprochen werden.

```
import time
```

Die Bibliothek `time` hat nichts mit GPIO-Programmierung zu tun. Diese sehr bekannte Python-Bibliothek enthält Funktionen zur Zeit- und Datumsberechnung, unter anderem auch eine Funktion `time.sleep`, mit der sich auf einfache Weise Wartezeiten in einem Programm realisieren lassen.

```
GPIO.setmode(GPIO.BCM)
```

Am Anfang jedes Programms muss definiert werden, wie die GPIO-Ports bezeichnet sind. Üblicherweise verwendet man die Standardnummerierung.

Nummerierung der GPIO-Ports

Die Bibliothek *RPi.GPIO* unterstützt zwei verschiedene Methoden zur Bezeichnung der Ports. Im Modus BCM werden die bekannten GPIO-Portnummern verwendet, die auch auf Kommandozeilenebene oder in Shell-Skripten verwendet werden. Im alternativen Modus BOARD entsprechen die Bezeichnungen den Pin-Nummern auf der Raspberry-Pi-Platine, von 1 bis 26.

```
GPIO.setup(25, GPIO.OUT)
```

Die Funktion `GPIO.setup` initialisiert einen GPIO-Port als Ausgang oder als Eingang. Der erste Parameter bezeichnet den Port je nach vorgegebenem Modus BCM oder BOARD mit seiner GPIO-Nummer oder Pin-Nummer. Der zweite Parameter kann entweder `GPIO.OUT` für einen Ausgang oder `GPIO.IN` für einen Eingang sein.

```
GPIO.output(25, 1)
```

Auf dem soeben initialisierten Port wird eine 1 ausgegeben. Die dort angeschlossene LED leuchtet. Statt der 1 können auch die vordefinierten Werte `True` oder `GPIO.HIGH` ausgegeben werden.

```
time.sleep(5)
```

Diese Funktion aus der am Anfang des Programms importierten *time*-Bibliothek bewirkt eine Wartezeit von 5 Sekunden, bevor das Programm weiterläuft.

```
GPIO.output(25, 0)
```

Zum Ausschalten der LED gibt man den Wert 0 bzw. False oder GPIO.LOW auf dem GPIO-Port aus.

```
GPIO.cleanup()
```

Am Ende eines Programms müssen alle GPIO-Ports wieder zurückgesetzt werden. Diese Zeile erledigt das für alle vom Programm initialisierten GPIO-Ports auf einmal. Ports, die von anderen Programmen initialisiert wurden, bleiben unberührt. So wird der Ablauf dieser anderen, möglicherweise parallel laufenden Programme nicht gestört.

 GPIO-Warnungen abfangen

Soll ein GPIO-Port konfiguriert werden, der nicht sauber zurückgesetzt wurde, sondern möglicherweise von einem anderen oder einem abgebrochenen Programm noch geöffnet ist, kommt es zu Warnmeldungen, die jedoch den Programmfluss nicht unterbrechen. Während der Programmentwicklung können diese Warnungen sehr nützlich sein, um Fehler zu entdecken. In einem fertigen Programm können sie einen unbedarften Anwender aber verwirren. Deshalb bietet die GPIO-Bibliothek mit GPIO.setwarnings(False) die Möglichkeit, diese Warnungen zu unterdrücken.

LED-Lauflichter erregen Aufmerksamkeit

Lauflichter sind immer wieder beliebte Effekte, um Aufmerksamkeit zu erregen, sei es im Partykeller oder in professioneller Leuchtwerbung. Mit dem Raspberry Pi und ein paar LEDs lässt sich so etwas leicht realisieren. Bauen Sie dazu die abgebildete Schaltung auf einer Steckplatine nach oder schließen Sie 8 LEDs mit Vorwiderständen entsprechend am GPIO-Port an.

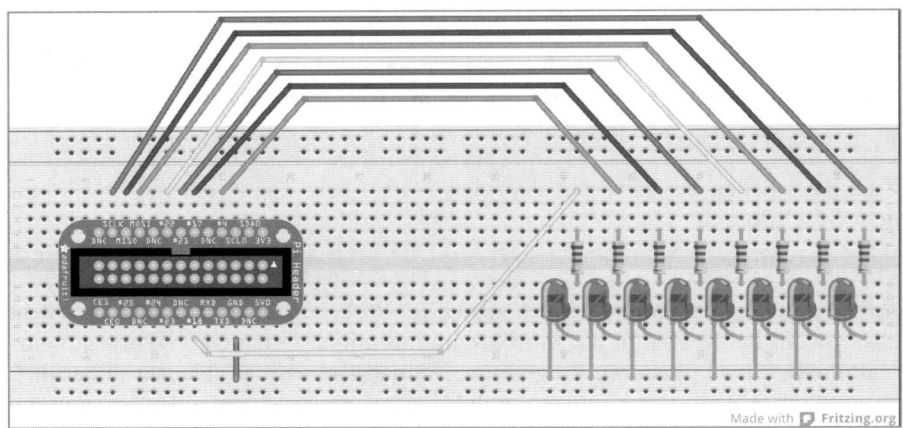

Bild 9.10: Lauflicht mit 8 LEDs an den GPIO-Ports 18, 4, 17, 21, 22, 10, 9 und 11.

Das folgende Programm *lauflicht.py* zeigt anhand eines LED-Lauflichts weitere Programmiertechniken in Python.

```python
import RPi.GPIO as GPIO
import time

GPIO.setmode(GPIO.BCM)
LED = [18,4,17,21,22,10,9,11]

for x in range(8):
    GPIO.setup(LED[x], GPIO.OUT, initial=0)

print ("Lauflicht")
print ("L = nach links")
print ("R = nach rechts")
print ("S = symmetrisch")
print ("Strg+C beendet das Programm")
e = raw_input ("Bitte Buchstaben eintippen: ")
z = 0.2

try:
    while True:
        if e == "r":
            for x in range(8):
                GPIO.output(LED[x], 1)
                time.sleep(z)
```

```
                    GPIO.output(LED[x], 0)
        elif e == "1":
            for x in range(7, -1, -1):
                GPIO.output(LED[x], 1)
                time.sleep(z)
                GPIO.output(LED[x], 0)
        elif e == "s":
            for x in range(4):
                GPIO.output(LED[4+x], 1)
                GPIO.output(LED[3-x], 1)
                time.sleep(z)
                GPIO.output(LED[4+x], 0)
                GPIO.output(LED[3-x], 0)
        else:
            for x in range(8):
                GPIO.output(LED[x], 1)

except KeyboardInterrupt:
    GPIO.cleanup()
```

▶ So funktioniert es

Die ersten Zeilen sind bereits bekannt, sie importieren die Bibliotheken *RPi.GPIO* für die Ansteuerung der GPIO-Ports und *time* für Zeitverzögerungen. Danach wird die Nummerierung der GPIO-Ports wie im vorherigen Beispiel auf BCM gesetzt.

```
LED = [18,4,17,21,22,10,9,11]
```

Zur Ansteuerung der 8 LEDs wird ein Array eingerichtet, das die GPIO-Nummern in der Reihenfolge enthält, in der die LEDs auf der Steckplatine verbaut sind. Mit dieser Methode brauchen Sie sich die Portnummern nicht zu merken, sondern können die LEDs mit Nummern von 0 bis 7 ansprechen. Bei eigenen LED-Konstruktionen tragen Sie die verwendeten GPIO-Portnummern entsprechend in das Array ein.

```
for x in range(8):
    GPIO.setup(LED[x], GPIO.OUT, initial=0)
```

Jetzt startet eine Schleife, die genau achtmal durchläuft und einen GPIO-Port aus dem Array nach dem anderen ansteuert. Die Ports werden als Ausgang definiert und gleich auf »ausgeschaltet« gesetzt, damit sie einen definierten Status haben.

```
print ("Lauflicht")
print ("L = nach links")
print ("R = nach rechts")
print ("S = symmetrisch")
print ("Strg+C beendet das Programm")
```

Diese Zeilen geben eine kurze Bedienungsanleitung aus. Durch Eingabe des Buchstabens ⌷L⌷, ⌷R⌷ oder ⌷S⌷ soll das Lauflicht gestartet werden und nach links, nach rechts oder symmetrisch von der Mitte aus laufen. Die Tastenkombination ⌷Strg⌷+⌷C⌷ soll das Programm beenden.

```
e = raw_input ("Bitte Buchstaben eintippen: ")
```

Das Programm wartet, bis der Benutzer einen Buchstaben eingibt und die ⌷Enter⌷-Taste drückt. Dafür eignet sich die Funktion raw_input gut, da hier die Eingabe als Zeichenfolge und nicht als Python-Code wie bei input ausgewertet wird. Das Programm läuft erst weiter, nachdem der Benutzer eine beliebige Eingabe mit einem Druck auf die ⌷Enter⌷-Taste abgeschlossen hat. Diese Eingabe wird in der Variablen e gespeichert.

```
z = 0.2
```

In der Variablen z wird die Zeit angegeben, wie lange eine LED im Lauflicht leuchten soll. Die Vorgabe sind 0,2 Sekunden. Natürlich könnte man die Zeit auch jedes Mal im Programm direkt eintragen. Diese Methode hat den Vorteil, dass sich die Zeit leicht durch eine einzige Änderung verändern lässt. Das Programm liest immer nur die einmal festgelegte Variable.

```
try:
```

Um abzufragen, ob der Benutzer mit ⌷Strg⌷+⌷C⌷ das Programm beendet, verwenden wir hier eine try/except-Abfrage. Dabei wird der unter try: eingetragene Programmcode normal ausgeführt. Wenn währenddessen eine Systemausnahme auftritt – das kann ein Fehler sein oder auch die Tastenkombination ⌷Strg⌷+⌷C⌷ –, wird abgebrochen und die except-Anweisung ausgeführt.

```
    while True :
```

Jetzt startet eine Endlosschleife, die nur durch die Tastenkombination ⌷Strg⌷+⌷C⌷ abgebrochen werden kann, da sie selbst keine Abbruchbedingung enthält. Innerhalb der Schleife können vier verschiedene Programmblöcke ablaufen, je nachdem, welchen Buchstaben der Benutzer eingegeben hat. Dies wird mit Hilfe einer if/elif/else-Abfrage geprüft.

```
if e == "r":
    for x in range(8):
        GPIO.output(LED[x], 1)
        time.sleep(z)
        GPIO.output(LED[x], 0)
```

Hat der Benutzer ein r eingegeben, läuft eine Schleife achtmal durch, wobei der Zähler x die Werte 0 bis 7 annimmt. In jedem Durchlauf wird die entsprechende LED aus dem Array eingeschaltet und nach Ablauf der Zeit z wieder ausgeschaltet. Danach folgt das Gleiche mit der nächsten LED, wodurch der Lauflichteffekt entsteht. Nach dem kompletten Durchlauf der for-Schleife wird die while True-Schleife wiederholt und das Lauflicht läuft endlos weiter.

```
elif e == "l":
    for x in range(7, -1, -1):
        GPIO.output(LED[x], 1)
        time.sleep(z)
        GPIO.output(LED[x], 0)
```

Hat der Benutzer eine l eingegeben, startet eine ähnliche Schleife. Hier werden die LEDs aber nicht von 0 bis 7 durchgezählt, sondern in umgekehrter Reihenfolge. Dazu gibt man in der Funktion range() statt einem drei Werte an. Der erste Wert gibt den Startwert an, hier 7, die letzte LED im Array. Der zweite Wert gibt das Ende der Zählung an, das ist die Zahl, die gerade nicht mehr erreicht wird. Da bis zur LED mit der Nummer 0 heruntergezählt werden soll, ist -1 die erste Zahl, die nicht mehr erreicht wird, also das Ende der Schleife. Der dritte Wert, hier -1, bezeichnet die Schrittweite bei der Zählung. Auch in dieser Schleife wird jede LED eingeschaltet und nach Ablauf der Zeit z wieder ausgeschaltet.

```
elif e == "s":
    for x in range(4):
        GPIO.output(LED[4+x], 1)
        GPIO.output(LED[3-x], 1)
        time.sleep(z)
        GPIO.output(LED[4+x], 0)
        GPIO.output(LED[3-x], 0)
```

Hat der Benutzer ein s eingegeben, läuft eine Schleife nur vier Mal durch und schaltet je zwei LEDs gleichzeitig ein und nach Ablauf der Zeit z wieder aus. Von der Mitte beginnend leuchten die LEDs 4 bis 7 und 3 bis 0 jeweils paarweise.

```
else:
    for x in range(8):
        GPIO.output(LED[x], 1)
```

Hat der Benutzer irgendetwas anderes eingegeben – und damit muss ein Programm immer rechnen – werden alle 8 LEDs dauerhaft eingeschaltet, ohne Lauflicht. In jedem Fall startet nach all diesen Aktionen die while True-Schleife wieder von vorne.

Sollte der Benutzer zwischenzeitlich die Tastenkombination Strg+C gedrückt haben, wird ein *KeyboardInterrupt* ausgelöst und die Schleife wird verlassen.

```
except KeyboardInterrupt:
    GPIO.cleanup()
```

Diese Zeilen schließen die verwendeten GPIO-Ports und beenden das Programm. Durch diese Methode tauchen keine Systemwarnungen oder Abbruchmeldungen auf, die den Benutzer verwirren könnten.

IP-Adresse mit blinkender LED anzeigen

Wer einen Raspberry Pi ohne Tastatur und Monitor, nur über das Netzwerk betreibt, braucht dessen IP-Adresse, um die SSH-Verbindung aufbauen zu können. Diese Adresse kann man mit Netzwerkscannersoftware herausfinden. Wesentlich interessanter ist es, die IP-Adresse direkt auf dem Raspberry Pi mit einer LED anzeigen zu lassen. Zeigt man die Ziffern der IP-Adresse einzeln nacheinander durch Blinkzeichen an, wird nur eine einzige LED an einem beliebigen GPIO-Anschluss benötigt, die sich in einem Raspberry-Pi-Gehäuse oder frei fliegend anbringen lässt.

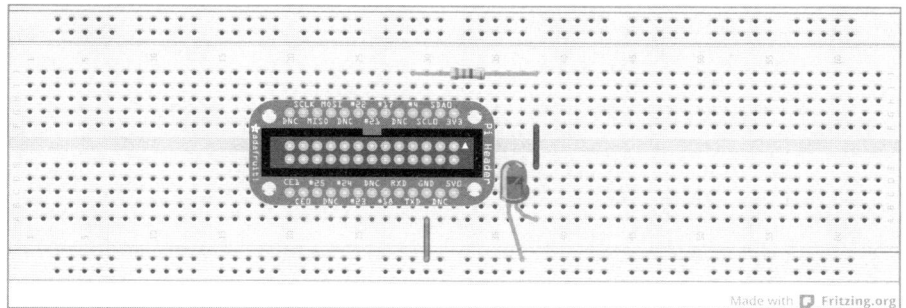

Bild 9.11: Eine einzelne LED werden Sie in der Praxis kaum über eine Steckplatine anschließen. Die abgebildete Schaltung ermöglicht aber, das Programm auszuprobieren.

Das Programm *ip-blink.py* zeigt mit einer blinkenden LED die aktuelle IP-Adresse an. Die Ziffern der IP-Adresse werden nacheinander durch eine entsprechende Anzahl kurzer Blinksignale angezeigt, wobei bei einer 0 die LED zehnmal blinkt. Die drei Punkte in der IP-Adresse sowie das Ende werden durch längeres Aufleuchten der LED markiert.

```
import os
import time
import RPi.GPIO as GPIO

GPIO.setmode(GPIO.BCM)
LED = 4
GPIO.setup(LED, GPIO.OUT)
BLINK = 0.25
PAUSE = 1.0

CMD = "ip addr show eth0 | grep inet | awk '{print $2}' | cut -d/ -
f1"
ip = os.popen(CMD).readline()
print ip

for i in ip:
    if i in "0123456789":
        z = int(i)
        if z == 0:
            z = 10
        for j in range(z):
            GPIO.output(LED,1)
```

```
        time.sleep(BLINK)
        GPIO.output(LED,0)
        time.sleep(BLINK)
    time.sleep(PAUSE)
  else:
      GPIO.output(LED,1)
      time.sleep(PAUSE)
      GPIO.output(LED,0)
      time.sleep(PAUSE)

GPIO.cleanup()
```

▶ So funktioniert es

Die ersten Zeilen sind bereits bekannt, sie importieren die Bibliotheken `RPi.GPIO` für die Ansteuerung der GPIO-Ports und `time` für Zeitverzögerungen sowie `os` für Betriebssystemfunktionen. Danach wird die Nummerierung der GPIO-Ports wie im vorherigen Beispiel auf BCM gesetzt.

```
LED = 4
GPIO.setup(LED, GPIO.OUT)
```

Die Nummer des verwendeten GPIO-Ports, hier 4, wird in der Variable `LED` gespeichert. Auf diese Weise können Sie leicht auch einen anderen GPIO-Port verwenden. Danach wird dieser GPIO-Port als Ausgang definiert.

```
blink = 0.25
pause = 1.0
```

Diese beiden Zeilen legen die Zeiten für ein kurzes Blinken und die längere Pause zwischen zwei Ziffern fest. Bei den Punkten in der IP-Adresse leuchtet die LED genau so lange auf, wie die Pause dauert.

```
CMD = "ip addr show eth0 | grep inet | awk '{print $2}' | cut -d/ -f1"
```

Diese Zeile speichert in der Variablen `CMD` die Befehlsfolge, die aus der Ausgabe des Kommandos `ip addr` die IP-Adresse extrahiert.

```
ip = os.popen(CMD).readline()
```

Die IP-Adresse wird als Zeichenfolge in der Variablen `ip` gespeichert. Dazu muss man einen kleinen Umweg gehen. Die Funktion `os.popen()` führt einen beliebigen Kommandozeilenbefehl aus und schreibt die Ausgabe in ein Dateiobjekt. Die Methode `readline()` liest aus diesem Dateiobjekt eine Zeile als Zeichenfolge aus.

```
print ip
```

Zur Kontrolle wird die IP-Adresse angezeigt. Auf einem System ohne Monitor ist diese Anzeige natürlich nicht zu sehen. Die Zeile stört hier auch nicht, hilft aber bei Systemen mit Monitor, die Blinksignale zu überprüfen.

```
for i in ip:
```

Jetzt beginnt eine Schleife, die die Zeichen der IP-Adresse einzeln nacheinander auswertet.

```
    if i in "0123456789":
```

Handelt es sich beim aktuellen Zeichen um eine Ziffer, wird der erste Block ausgeführt, der das entsprechende Blinkzeichen erzeugt.

```
        z = int(i)
```

Der Zahlenwert der Ziffer, die bis jetzt noch Teil einer Zeichenfolge ist, wird in die Variable z geschrieben.

```
        if z == 0:
            z = 10
```

Wenn diese Ziffer eine 0 ist, wird die Variable z auf 10 gesetzt. Die LED soll in diesem Fall 10 Mal blinken.

```
        for j in range(z):
            GPIO.output(LED,1)
            time.sleep(BLINK)
            GPIO.output(LED,0)
            time.sleep(BLINK)
```

Diese Schleife lässt die LED genau so oft blinken, wie die aktuelle Ziffer aus der IP-Adresse angibt. Dabei bleibt die LED so lange eingeschaltet, wie am Programmanfang in der Variablen BLINK festgelegt wurde. Danach bleibt sie genau so lange aus.

```
        time.sleep(PAUSE)
```

Nachdem eine Ziffer durch Blinksignale angezeigt wurde, wartet das Programm so lange, wie in der Variable PAUSE festgelegt ist, bis das nächste Zeichen der IP-Adresse abgearbeitet wird.

```
    else:
        GPIO.output(LED,1)
        time.sleep(PAUSE)
```

```
GPIO.output(LED,0)
time.sleep(PAUSE)
```

Handelt es sich beim aktuellen Zeichen der IP-Adresse um keine Ziffer, sondern um einen Punkt oder das Zeilenende-Zeichen, wird der zweite Block ausgeführt, der die LED einmal lange leuchten lässt. Diese Zeit wird am Programmanfang in der Variablen PAUSE festgelegt.

```
GPIO.cleanup()
```

Nachdem die Hauptschleife durchgelaufen ist und alle Zeichen der IP-Adresse angezeigt wurden, werden die GPIO-Ports geschlossen und das Programm endet.

9.5 Python-Programme automatisch starten

Ohne Tastatur und Monitor muss das Programm automatisch gestartet werden, da der Benutzer keine Python-Shell oder Kommandozeile aufrufen kann.

Legen Sie im Dateimanager das Verzeichnis */home/pi/.config/lxsession/LXDE* an. Das Verzeichnis *.config* ist bereits vorhanden. Es ist aber wie alle Linux-Verzeichnisse, deren Name mit einem Punkt beginnt, nur sichtbar, wenn im Menü des Dateimanagers unter *Ansicht* der Schalter *Verborgene Dateien anzeigen* eingeschaltet ist. Wenn Sie bereits die Desktopkonfiguration personalisiert haben, ist sogar die komplette Verzeichnisstruktur bereits vorhanden.

Erstellen Sie in diesem Ordner eine Textdatei mit Namen *autostart*, die die Kommandozeile zum Start des Programms enthält:

```
sudo python ip-blink.py
```

Damit wird kurz nach dem Booten des Raspberry Pi die aktuelle IP-Adresse automatisch mit einer blinkenden LED angezeigt.

Stichwortverzeichnis